Vision

一些人物，

一些視野，

一些觀點，

與一個全新的遠景！

蔡國南的今生金飾

蔡國南・陳芸英◎著

【推薦序一】

他的半輩子比你的一輩子還長

黃文博（資深廣告人）

台灣的商人總有台灣商人該有的味道，就像我們對猶太商人會有的刻板印象，或是對德國商人的既定成見。那種味道倒不一定在每一位商人身上都能聞到，在功成名就的豪門企業家身上，甚至連蛛絲馬跡都找不到。然而那味道的確由某些台灣商人代代承襲，不絕如縷，卻源遠而流長。

如果你知道台灣高砂犬長什麼模樣，應該明白我的意思。純粹的台灣商人與台灣高砂犬類比，固然不倫不類，但流竄在他們和牠們血液裡的基因實在很接近。精瘦緊實的身軀，敏銳迅捷的感官，準確靈活的動作，忍苦耐勞的心性，堅毅忠實的本能，這五句形容詞正是台灣高砂犬以及台灣商人散發出的共同「味道」。

純種高砂犬數量稀少，世人對牠們的珍視不亞於外來名犬，也算無憾。純粹台灣商人數量並不稀少，但主流價值對他們的偏視及輕忽，長期以來並未給予他們應得的尊敬，令我心有不平。

當媒體大肆渲染來自科技業、金融業、服務業……的菁英型企業家，談他們的個人魅力、領導哲學、運籌帷幄、雄才大略，社會大眾真的相信台灣經濟奇蹟是這些天子驕子創造的。

佔台灣公司行號總數九成以上的中小企業主，能分享到的媒體關注和社會掌聲，不符比例地小。社會甚至不屑用「企業」稱呼中小企業主，而慣用「公司行號」的稱法。這數以千計的企業主，不能像菁英企業家般侃侃而談藍海策略，他們只懂得做不到下一筆生意就要跳海；口中也引述不出彼得・杜拉克的名言，他們只曉得為了業績必須去「拉客」。

在台灣經濟成長的軌跡中，他們漸漸染上過氣的悲情色彩，偶爾被報導創業傳奇的故事、家業中落的故事、浴火鳳凰的故事，也都被大眾當成社會溫馨小品看待，受到的尊崇與重視難與菁英型企業家相提並論。

我認為，這個社會太過誇張了菁英型企業家的貢獻，也太過貶抑了「高砂犬型（請恕我用這樣的比喻，絕無輕薄蔑視之意）企業主」的付出。

我已經有點厭煩書肆充斥的菁英型企業家的傳記書，因為你看了那些書，最多嘆服於他們在商場縱橫捭闔的際遇，但對不起，你再怎麼奮鬥努力也絕難望其項背，原因就是他們擁有的家世、財力、機運、人際、際遇……一般大眾的我們可能一項也沒有。

「高砂犬型企業主」的傳記書，值得閱讀的理由之一是，他們大多數人在創業伊始之際，所遭逢的際遇及條件和我們這些平民百姓的遭遇差距不大。換言之，你我都可能成功地複製「高砂犬型企業主」的成就，繼承那些緊實、敏銳、靈活、耐勞、堅毅的基因味道。

我囉嗦了這麼長，還沒有介紹這本書的主人翁，可見我對上述情狀有多在意。但首先我必須向寶瓶文化致敬，他們興高采烈地替一位缺乏社會知名度的蔡國南先生出傳記書，而不是一味地追逐擁有高知名度的社會菁英。

蔡「桑」（我習慣用日語的稱法稱呼他）走在街上，我保證你看到他，不會猜他是連續兩年獲頒「讀者文摘非常品牌金牌獎」的品牌經營者。他的外表不只是平凡，看來根本有點兒「苦命」，好像注定生下來就是要為他的事業、他的家人以及他的員工做牛做馬，所以長相十分不像大家熟悉的「老闆」模樣。其實他的形體早在年輕時就讓刻苦的生活及過勞的工作給侵蝕銷磨殆盡。當平常的孩子在發育期增筋長肉時，蔡桑只有用似乎無底限的耐力餵養自己的意志力。也可以說，他的身體錯過了發育期，但他的意志力卻早熟得可以。

一個意志力早熟的孩子其實是令人不忍的，他可能無法享受成長的喜悅，更別提擁有什麼「美麗的童年」。一路走來，人生的滋味盡是些酸澀苦辣，甜味不見了，對童年到成人這段期間的回憶當然刻骨銘心的多，風花雪月的少。也因此，我很想問他，但始終沒問的問題是：「蔡桑，你喜歡回憶自己的成長歷程嗎？」

我和我的創業夥伴黃麗蓉曾經在一個熬夜拍廣告影片的寒冷深夜，聽到他在眾人慫恿下回憶講述年輕時光的片段。他講來輕鬆，沒什麼情緒，如同船過水無痕，我聽得心頭震動，見識到人類靈魂真的有莫大潛力，有的靈魂強韌不服輸到反過來揹負起肉身，咬著牙堅定向前，而另一方面，在人世間卻有更多軟弱驕縱的靈魂，舒服地倚在龐大肉身上沈沈睡去。

強韌的靈魂讓他走過的人生路比一般人精采，有很多動人的故事，令人喟嘆他用半生壓縮了別人一輩子的所有經歷。如此緊湊又起伏的人生，難道不覺得疲倦嗎？那意志力高昂的靈魂在台灣走過蜿蜒坎坷之後，又跑到中國大陸繼續找路走，還真不會疲倦。

於是，我終於懂了。像蔡桑這樣不停開疆闢土的台灣商人，意志力拖動的其實不僅是他自己的身軀，還把我們這些台灣人的身軀揹上身，在替自己的事業找出路的同時，也替台灣的未來找活路。難怪蔡桑怎麼都胖不起來。

或許這就是他這類商人不同於菁英型商人之處。他做十分，得五分，賺一錢，卻吃(享受)一分(一錢的十分之一)，用「悲情」形容固然嫌太過灑狗血，因為和社會上真正悲情的小民相比，他又顯得多了些幸福，所以我想用「苦情」來形容他的人生，為他上半輩子的境遇做一註腳，應該恰如其分。

小時候，過的是苦日子。學徒時代，吃足了苦頭。創業歷程，備極辛苦。自創品牌，不能做個單純的股東，要扛下總經理這份苦差事。生命沾染上太多的「苦」味，不會覺得不堪嗎？

從蔡桑身上，絲毫察覺不出「不堪」的感覺。或許正如烹飪時大廚善用苦味提鮮的方法罷？苦味適足以襯托別種滋味的鮮美，反而提點出味道的深度，增加喉韻。

我想起來每次和蔡桑公晤或私談，席間如果有人講了笑話，他的反應是立即而明顯的。他不會抿嘴淺笑，也不會矜持地微笑，而是咧開闊嘴、露出白牙的大笑。這，不就叫做「苦哈哈」的人生境界嗎？

關於他的事，我不打算先行透露，留著你從書本中細品慢嘗。關於他的人，我更不打算說些不著邊際的場面話，就讓你看完書後在腦中形塑對他這個人的想像。這將會是一個有趣的閱讀經驗，你可能有天在台北或嘉義東石(他的家鄉)街頭，看到和你想像中的他很像的削瘦中年男子，你看到他臉上強韌的線條，刻劃出不服輸的人生，再想想他曾經受過和仍將承受的種種苦情，你會覺得老天對你已經相當厚待。這可能是你讀這本書的額外收穫。

我不知道你怎麼想，但是我實在很好奇讓靈魂揹著軀體前進是一種什麼樣的感覺。

【推薦序二】

明日之星

陳郁秀（國立中正文化中心董事長）

隨著亞洲消費水準的不斷提升，社會經濟已進入講求優雅典麗的時代。珠寶和美麗產業，在歐美國家早已是被看重的明星產業，珠寶飾品業更是美力產業中具有極高產值的業種。在競爭激烈的珠寶首飾市場中，「今生金飾」能夠在消費者心中佔有一席之地，代表了台灣首飾產業只要用心經營，絕對能受到消費者的認同，並贏得市場的肯定。

製作金飾產品對台灣廠商來說，並不是一件難事，但如何針對消費者的需求，推出符合他們需求的時尚性飾品，並將商品所代表的意義有效傳遞至消費者心中，才是重點；欣見「今生金飾」在商品的設計和研發上，不斷的投入與創新，在品牌的形象塑造和消費者的溝通上，也屢見佳績。他們是本土競爭力展現的最佳例證，也證明了政府所推動的文化創意產業，絕對是下一個明日之星。

「今生金飾」的總經理蔡國南展現了台灣人特有的打拚精神，將「今生金飾」經營得有生有色，他不但為台灣的中小企業立下典範，也為本土品牌注入一劑強心針。我樂於推薦本書，這本書也值得所有人一讀。

【自序】

說故事比賽

蔡國南

這一天，我跟我們長期合作的廣告公司的同事到內湖工業區拍伍佰的廣告，伍佰是「今生金飾」當時的代言人。拍攝時間很長，但很多時候是「等待」。在等待打燈的時候，可能無聊吧，有人提議舉辦「說故事比賽」，題目是「自己最可憐的經歷」。

現場氣氛很熱烈，有人說曾經到菜市場賣菜，有人說小時候在家裡常常要幫忙做家事，還有人開玩笑說，「我小時候很可憐喔，都沒有錢吃『魚翅』。」當場引來一陣打罵；由於都不夠可憐，所以都被判「不及格」。

輪到我時，我講起小時候家道中落，雜貨店任人宰割，左鄰右舍對我們冷嘲熱諷，還有阿嬤為了生計得時時對人卑躬屈膝的小故事……全場鴉雀無聲。

「哇，真的很可憐！」為了中和可憐的事，我再補充一件有趣的事，那就是小時候騎腳踏車，我當時很矮，但很好勝，腳踏車對我來說是「龐然大物」，我根本坐不到位置上去，只好跨一隻腳過去，騎得歪七扭八的……大家覺得很好笑，但笑完之後直接宣布我榮登第一名寶座。

這個第一名沒有獎品，卻引起「就是」廣告負責人黃文博總經理對我的興趣。「你應該多面對鏡頭，多上節目，把這些精采的故事講出去。」我自認為表達能力不好，不會說話，所以婉拒了；但他不氣餒，繼續說服我。他認為在我身上可以看到古老時期「台灣水牛」的精神；我的樸拙恰巧反應我的性格，展現另一種親和力。「我還滿喜歡你這種style，那不是一般人都學得來的。」

在一個偶然的機會，同事安排我上「黃金七秒半」。過去媒體要求採訪「今生金飾」的產品，我都請同事代勞，但這一次卻是談自己的人生故事，別人無法代替，我陷入要不要去的思考中。不去，浪費曝光的機會；去，怕說話不輪轉反而漏氣。「去啦，去啦……」同事說，「他們想了解你怎樣把一個快要結束的公司做到目前在國內金飾品牌佔有一席之地，而且連續兩年榮獲『讀者文摘非常品牌——珠寶／黃金飾品類金牌獎』。他們想談談你這個人。」

在大家的鼓勵下，我決定一試。

製作單位很貼心，錄影前先蒐集一些我的資料，主持人按資料一段一段的問。他們引導得很好，我回顧過往，一段一段找回往事記憶。

沒想到節目播出後，公司接到不少電話，反應很正面。有幾個家長代替孩子打電話來，「蔡先生收『學徒』嗎？我想替我兒子報名。」有人說：「聽了蔡先生從學徒變成老闆的故事，我們非常感動！」

「就是」廣告的黃總知道這些事後，進一步建議我「出書」。

我一開始也是拒絕的，很多出書的人都事業有成，但我不是，不值得一「書」；更何況我口才也不好，不會說話。但他用另一個角度切入，「如果你願意出書，這將是業界的第一本。如果能在推銷產品的活動上一起搭配，銷售會更好，這是對公司有幫助的事。」

我是個生意人，只要一想到「對公司有幫助」的事，難免心動。他接著說，「如果你的創業過程有可以提供給別人參考的，像是你的堅持、毅力、作法……只要書裡有一句話對讀者有幫助，這本書就值得了。也許讀者可能因為你的一句話或一個觀念而改變他們的一生也說不定！」這句話說服了我。

於是我點頭答應了，這是出這本書的來龍去脈。

我不是一個「成功」的老闆，這本書不該被定義為「成功」者的故事。我只是願意把事業生涯中遇到的一些問題和解決方法與大家分享，如此而已。當然，如果這些作法或其中的觀念能對讀者有幫助，那麼這本書就達到出書的目的了。

目錄

Part1 辛酸的學徒日子

國中畢業，我16歲，爲分擔家計，我從嘉義東石北上到台北重慶北路的「金足成」白金工廠當學徒。我很想家，在工廠的前一個月，每天晚上我都把自己埋在棉被裡哭，連吃飯也會想起媽媽的菜，即使那時家裡的菜很寒酸。

Part2 背水一戰

爲了挽救「今生金飾」，我放下南部的工廠，下海當「今生金飾」的經理人。但一個英文、電腦完全不懂，只有國中畢業、只會做金飾的中年人，面對只想領遣散費走人的「今生金飾」員工。我該如何力挽狂瀾？

Part3

本土品牌出頭天

沒有高學歷，但靠著堅毅的個性、鍥而不捨的工作態度、對品質的絕對要求，並不斷加注傳統金飾店新的行銷概念，創造出自己的「金」世界，我期待這份經驗也能帶給國內的中小企業參考。

Part1

辛酸的學徒日子

▼ 19歲那年，蔡國南認識了太太吳麗美，隨即以情書攻勢，展開追求。

▲ 蔡國南站在父親所開設的雜貨店裡。

▼ 1968年蔡國南在嘉義創立「蔡千足純金首飾」。金飾的擺設首開先例，採取珠寶陳列方式，時尚又具現代感。中間為他的父親。

在嘉義東石的雜貨店

鄰居有個孩子跟我差不多年紀，他媽媽聽說正在發育中的男孩吃中藥燉鴨會長得又高又壯，我回家就跟阿嬤講。阿嬤很愧疚的說：「家裡沒有多餘的錢給你買『補品』，看看飯菜可不可以多吃一點！」我安慰她說：「我沒關係。只是聽說而已。」

我在民國四十八年出生於嘉義縣東石鄉的一個小村莊。

東石民風純樸，村民以種田為主，捕魚、養蚵為輔。我家開雜貨店，賣米、飼料、油、鹽、菸、酒、醬油……雜貨店算是祖傳，阿公時代就開始經營。

我家有七個兄弟姊妹，五男二女，我排行老六，下面有一個弟弟，我出生不久，阿公就因病過世。

雜貨店當銀行，利息給得高

阿公走後，雜貨店由阿爸負責，生意依然做得有聲有色。

我家的經濟狀況比一般人好。我唸小一時玩的玩具同儕都沒有；大哥十幾歲就擁有全村的第一輛摩托車，那時候騎摩托車跟現在開賓士一樣拉風——在街坊鄰居眼裡，我們算是「好野人(有錢人)」。

阿爸待人寬厚，講信用，人緣好，深得左鄰右舍的信賴。民國五十年代，銀行、郵局不普及，村裡的人如果要存錢，得走上一段遙遠的路，而且他們大多不識字，對辦理存款的繁雜手續感到頭痛。

其中一位鄰居看中我家雜貨店做得好，提議乾脆把錢「寄放」在我家。「好喔，好喔，這主意不錯喔！」大家紛紛響應。

我阿爸聽到鄰居這麼看得起，霎時覺得風光無比，便當場應允，並主動告訴大家：凡寄放錢者，每個人每月均可獲兩分「利息」，比銀行高——儼然把自家當成「地下銀行」。

阿爸雖講信用，卻沒有理財概念。很多人手邊突然多出一筆錢會做有效而妥善的運用，例如投資，但他沒有，也不會，多餘的錢不但擱著不動，還把自己努力賺的錢忙著倒貼人家利息；而賒帳者，不一定能收回。

鄉村生活，人與人之間的關係非常緊密，彼此來往也頻繁。我家門前擺了好多小凳子，鄰居一有空就過來串門子。村裡一有什麼小道消息，靠著大家口耳相傳，很快傳遍整個村莊。

我忘記什麼事了，村裡流傳著我家出貨有問題，狀況沒以前好……謠言滿天飛。鄰居的錢都是辛苦賺來的，禁不起一點風吹草動，於是他們大陣仗到我家抽銀根。

「我兒子說要做生意啦，錢要先拿回來。」

「我朋友要跟我借錢啦！」

「我的錢放在你這裡不知道會不會不妥當喔？萬一怎樣……」

這些人算客氣的了。

另一群人可不這麼斯文，他們一上門就要求還錢，阿爸手上若沒現金，他們就直接拿走架上的東西，態度粗暴。這些人以前來我家都是笑嘻嘻的，沒想到現在卻完全換了個樣。家人無力阻止，只得眼睜睜地看著他們把東西一一搬走。

記得有一天，一個原先跟阿爸還「麻吉」的叔叔上門討錢。他以前常跟阿爸稱兄道弟，現在卻換了張扭曲的臉。我看他來，馬上躲起來，小小心靈非常害怕大人兇狠的表情，那個畫面令我心生恐懼。

家裡頓時陷入一場風暴中。

阿爸為了維繫家計，後來在高雄找到拆船工作。雜貨店就順勢交給阿嬤和大姊經營，媽媽則負責田裡的耕種。

家裡為了還鄰居錢，賣了不少地。

這一切的改變，我和弟弟都看在眼裡，一放學就主動幫忙做家事：田裡的耕種、雜貨店的搬運，我們樣樣都來，任勞任怨。

發育不良，阿嬤心疼

我長得非常瘦小，國一才一百三十公分、三十公斤，很多人都說我發育不良。其實那時正是家境最糟的時候，家中三餐都吃同一道菜，連續吃一個禮拜；帶的便當是一袋三塊半的麵筋，一份分三天帶；飯菜很少，我常餓肚子。

鄰居有個孩子跟我差不多年紀，他媽媽聽說正在發育中的男孩吃中藥燉鴨會長得又高又壯，我回家就跟阿嬤講。阿嬤很愧疚的說：「家裡沒有多餘的錢給你買『補品』，看看飯菜可不可以多吃一點！」我安慰她說：「我沒關係。只是聽說而已。」但這件事卻讓她自責很久。有一天我偷聽到她跟朋友說：「這孫子營養不良，都沒錢幫他買補品，連買一隻鴨都買不起，可憐的孫子啊……」邊說邊掉眼淚。

我家住在公車站旁，離學校約六公里遠，公車票價一塊錢。阿嬤允許我每天到櫃台的抽屜拿兩塊錢，一塊錢搭車去，一塊錢搭車回。

有一天，我打開抽屜，發現一毛錢都沒有，表示雜貨店收的錢都還人家了。我正掙扎要不要跟阿嬤開口時，腦海立刻浮現她整天為錢而愁眉不展的模樣。我一想到這兒就猶豫了，就在猶豫的當下，每小時一班的公車從家門前駛過。我眼睜睜的看著它開走，馬上拔腿跑步上學，到了學校已經遲到了。

為了借錢，備受侮辱

阿嬤在阿爸到高雄後，扛起整個家裡的經濟重擔。雜貨店進貨需要的現金，都由她籌措。這段期間我看盡人情冷暖，借錢過程盡是別人對我們的同情與攻訐。

我記得菜市場有一攤賣魚的歐巴桑，心地善良，願意借錢給我們周轉。阿嬤選在中午收工前到魚攤跟她借五百塊應急，再把這五百塊拿給大姊補貨，當天賣的錢當天晚上再還給她；要是碰到家裡的貨被討債的鄰居搬光，當天賣不到五百，我們就得到別的地方再借錢，因為魚販每天一早也需要錢進貨。

儘管我們省吃儉用，但碰到初二、十六，生意人拜土地公的日子，卻無法免俗的買魚買肉。

有一次我跟阿嬤用借來的錢買豬肉，一個鄰居在我們背後冷冷的說：「哼，欠人家錢的人還敢吃豬肉喔！」話裡充滿著鄙視與不屑。阿嬤臉皮薄，聽到這般冷嘲熱諷，覺得很丟臉。眼角淌著淚，拉著我的手，低頭快步離開菜市場。我看她羞愧的樣子，心裡很不捨，眼淚也簌簌的流出來。

這些侮辱，使得日後阿嬤的姿態變得更低。再踏進菜市場借錢時，總是更低聲下氣的說：「歹勢啦，不知道可不可以喔……麻煩你……如果方便的話……多謝啦……」如果對方臉色稍微嚴肅，她會害怕，頻頻鞠躬倒退，甚至打退堂鼓。我看到這情景，總是默默的告訴自己：「阿嬤，您先忍著，我快要長大了，我會努力賺錢，讓您抬頭挺胸。」

阿嬤在菜市場委屈求全的模樣，成了我國中時代最鮮明的烙印。午夜夢迴，我曾被這種場景嚇醒；醒來後，阿嬤卑躬屈膝的身影卻更加清晰。

我為什麼對阿嬤的感情這麼強烈，不單單是她忍辱負重為家裡付出，更因為她對我特別好。其實她可以不用對我那麼好的。媽媽說，我剛出生不久，阿公「剛好」生一場大病，一個多月後就撒手人寰，享年六十有餘。聽說，阿公生病時，常指著襁褓中的我說：「那個小剋星啊！生來就想詛咒我死……」說得咬牙切齒，還提醒阿嬤，「我若有個三長兩短，肯定是那個小剋星帶來的禍害……」在傳統的觀念裡，長輩們都會認同阿公的話；但阿嬤並沒有，也不在意，自小到大，對我百般呵護。

長得瘦小，只能做細工

除了我，阿嬤還心疼大姊。當時雜貨店有一段時間根本沒生意，大姊只好到紡織廠當女工貼補家用。她領三千的月薪，兩千八拿回家貼補家用，自己只留兩百當零用錢。這一切阿嬤都看在眼裡。

我國中畢業時，家裡的經濟依舊沒有好轉，當然也不允許我繼續升學。我很清楚自己不是唸書的料，只想趕快出去賺錢。

由於我長得瘦小，不能做粗重工作。阿爸想，那就做「細工」吧！他打電話給在台北做打金師傅的二哥，問他可不可以幫我找頭路。二哥熟悉本行，但覺得，「跟自己人學學不好，不如到工廠跟別人學！」於是介紹我到重慶北路一家「金足成」白金工廠當學徒。

那年我十六歲。

送客人到門口

我有一個客戶，他回憶多年前我們見面的情況說：「那天開完會，你一直送我到電梯口，陪我等電梯，直到電梯來了，門關起來，你才離開——我以為這是第一次碰面的『客套禮儀』；沒想到第二次你還是一樣，但我認為那是因為當天我們做了些『好事』才得到的禮遇；但第三次你依舊如此，第四次之後我才知道那是你的習慣。」

我覺得送客戶到門口是一種禮貌，這個動作會讓對方感到舒服。所以不管當天我的心情好或不好，心裡承受多大的業績壓力，我都堅持陪客人等電梯，直到他們下樓為止。

我不只對待客戶如此，連到公司面試的人，結束面談之後我都送他們到門口，不管將來我們是否能成為同事，但我尊重當下對方是我客人的關係。

我兒子偶爾會到公司實習，我告訴他幾個待人處事原則，其中一個就是

「送客人到門口」；客人若要搭車，可以幫他招呼計程車，幫客人開車門，坐定之後為他關門，並目送著客人遠去，直到彼此視線消失為止。

「送客」也許只是一個小小的動作，但可以養成謙卑的心理，值得有心創業的年輕人參考。

那段當學徒的日子

有一天，我把熔化的銀導入容器，銀的溫度驟然升上千度，我一個不小心潑到自己的皮膚，液體的侵蝕度很嚇人，我的手立刻見骨，老闆馬上帶我去看醫生。

距離去台北還有一個禮拜的時間，阿爸從高雄休假回來，叫我到田裡幫忙。

那是盛夏。早上六點多，我們一起出門到離家路程十分鐘的田裡拔草，南台灣豔陽高照，熱氣逼人。我們在田裡揮汗如雨，直到中午才有喘息的機會；但回家吃過午飯後，下午一點多再出發，繼續到田裡拔草。

田裡的工作對大人也許沒什麼，對我卻很吃重。好幾次我想休息，阿爸假裝沒聽見，叫我趕快拔另一邊的草。才幾天而已，我曬得像個小黑人似的。

嘉義當年棒球風氣盛行。有一天我走在街上，路人過來搭訕：「你是不是朴子少棒隊的選手？守哪個位置？」

阿爸叮嚀我說：「你看你，曬得那麼黑，才被誤以為是打棒球的。台北的工作在屋內，比在外頭曬太陽好；你如果在台北不能吃苦，回東石就只能做田裡的事。」

原來阿爸是故意「操」我的，「企圖」把我弄得很累，如此一來，我就會義無反顧的到台北工作，不敢回家鄉了。

阿爸的用心的確收到功效，因為田裡的事的確辛苦。我心裡也暗暗發誓，將來再也不會踏進田裡一步。

到台北打金

一個禮拜後，我結束阿爸的「魔鬼訓練營」，拎著背包跟他出「遠門」。

我很少外出。從東石鄉到嘉義市，大約三十六公里，記憶中只去過嘉義市兩次，其中一次還是到醫院看病；對鄉下孩子來說，即使到鄰近城鎮都不容易，何況到陌生又遙遠的台北。

我們在朴子車站等野雞車，我的心情始終沈重，阿爸看起來也是。在站牌等候的旅客不多，一眼望去，只有零零落落的幾個人。我們父子倆站在一起，一句話也沒說。

車子來了，阿爸拉住我的手上車，細心的把我的背包放到上面的置物架。車子沿路顛簸行進，我因不習慣長途車程，胃翻騰得厲害。到達彰化休息站時，阿爸下車買一些食物上來。我虛弱的拿著塑膠袋，嘩啦嘩啦吐得滿身都是。

離開彰化往台北的路途，彩霞滿天。儘管台北令人嚮往，我卻對未來感到茫然。窗外逐漸被黑幕籠罩，這種情境最容易引起遐想，往事一幕幕在腦海中倒帶：我想起小時候曾經擁有的優渥環境，想到鄰居上門討錢的兇狠模樣，想到阿嬤到菜市場借錢的委屈……我覺得傷感，難過的心情久久無法平復。

抵達台北車站後，我們搭計程車到二哥工作的地方。二哥把我們安頓在板橋一家旅館，隔天再帶我們到工廠。

「金足成」白金工廠位於重慶北路，在業界頗負盛名。該廠的外務員是我二哥的朋友，我是透過這層間接關係進來的。

他為人很客氣，帶領我們進工廠熟悉環境。一、二樓是辦公室，三樓是工廠和員工宿舍。

他每層樓一一介紹，阿爸似乎很滿意這樣的安排，頻頻點頭說：「這樣很好，很好！」待一切就緒，阿爸向他鞠個躬，感性的說：「這孩子就交給你照顧了！」離開前，他塞了一百五十塊給我。「這零用錢拿著，需要花費的時候才用，平常要省著點。知道嗎？」我緊握著錢猛點頭，看著他離去的背影，我紅了眼眶，頓時像是失去了依靠。

學徒與師傅，薪資差距大

「金足成」的總工廠在台南市，員工是台北的兩倍多，約有八十多人。台南灣裡和高雄茄萣是全台從事「打金」人口最密集的地方，這裡的師傅和學徒也大都來自於此，這跟當時同鄉同儕習慣「一個介紹一個」的工作氣氛有關。我的老闆就是灣裡人，該地因曾發生轟動社會的廢五金和戴奧辛而名噪一時。

工廠只有兩個人不是來自茄萣和灣裡，一個是我，另一個是老闆指定負責教我的師傅兆欽。他來自北斗，家裡開銀樓——我們這對師徒算是工廠的異數。

兆欽師傅大我五、六歲，高中畢業，是工廠學歷最高的一位；其餘的不是國小就是國中畢業。

師傅在工廠很有分量。學徒很尊敬師傅，除了自己的直屬師傅，我們也敬重其他師傅；像極了軍中長官跟阿兵哥之間的關係。

師傅和學徒除了身分有高低之分，工資也有天壤之別。學徒一個月薪水兩百，吃住全免。我若住外面，一個月光吃和住就超過兩百塊，所以嚴格說來是老闆投資學徒；而學徒至少得經過一年的訓練才有能力幫工廠創造生產價值，薪水才會調高。據我所知，年資一、兩年的學徒，一個月有三、四千塊的薪水，不比公務員差。

師傅的薪水就非常高。師傅分兩種，一是黃金師傅，一是白金師傅。白金師傅的薪水比黃金師傅高很多，至少三萬塊起跳(銀行經理才一萬多)，有的高達六萬；所以白金師傅非常搶手。

白金全盛時期，全台的白金師傅不超過三百人。

幫師傅打雜

我在工廠的生活很規律，也很簡單。「菜鳥」學徒除了我之外還有一個剛來不久的年輕人。我們兩個每天早上六點就要跟老闆娘到菜市場提菜回來，在她煮早餐的一個鐘頭裡，我們要擦拭工廠的工具(保養、防止生鏽等)，早餐前還得整理桌面、擺好碗筷、為大家添飯；餐後也要洗碗、打掃……直到瑣事結束，才展開一天的工作。

初期，兆欽師傅義務教我一些基本常識。他說，製造金飾的原料是金，但每一種製造方法所需的金原料、形狀和種類都不同，不管哪一種方法，首先，先將金塊用高溫熔成液體形狀，再倒入長方形容器，待它變成固體後，透過機器壓成方形，越壓越細，越壓越薄，以此為基礎再做造型，例如做成胚，或者拉出金線、薄薄的金片、橫條狀……等，這些不同形狀的金子可以連結在不同的飾物上，是製造金飾的「零件」。

我剛開始學時，師傅不讓我用黃金和白金，因為初學的過程很容易損耗原料，所以師傅先拿銀讓我實習。

那個年代打金都是純手工，熔金用腳踩風鼓機。風鼓機有條管子連到油桶再延伸出來，管子的末端由我操控。我踩風鼓機時，經過油桶透過管子出來的風點火就可以開始熔金了。

初學過程中，師傅常提醒我：熔金時手要拿得穩，剉金時，刀要剉得平，鎚子要搥得正……基本工學得越扎實，就越得心應手。「學會基本工後，剩下的只是『熟練度』而已。」

但初體驗，一切顯得生澀。有一天，我把熔化的銀導入容器，銀的溫度驟然升上千度，我一個不小心潑到自己的皮膚，液體的侵蝕度很嚇人，我的手立刻見骨，老闆馬上帶我去看醫生。

這只是剛開始的一段小插曲。

特別甜的紅豆冰

工廠的午餐是大夥一起吃的，不過午休時間我不敢休息。阿爸在家道中落後常訓示我們：「做工賺錢都來不及了，只有不知死活的孩子，才敢睡午覺。」

晚餐訂在六點，飯後繼續工作。我九點收工後要用大鍋爐煮水給大家洗澡；其餘時間則「等候差遣」。師傅若需要「額外服務」，我就必須做，例如買香菸、飲料、檳榔、零食……

等等；平時只要師傅要我們做任何事，學徒都不能拒絕。

我每天必做的工作就是幫他們買消夜。買回來的消夜師傅不會請我吃，我自己因為賺的錢少，也捨不得買來吃；我看他們吃消夜吃得津津有味，常常流口水。

我記得在領第二個月薪水時，我狠下心，想對自己好一點，咬緊牙買了一碗紅豆牛奶冰。那是中午，買回來後，我直接倒在漱口杯裡，一邊做工一邊小口小口的「享用」。那時的紅豆牛奶冰一碗七元，感覺好奢侈啊。有時怕太快吃完，還用舌頭舔一舔，希望延長品嘗紅豆牛奶冰的滋味；直到下班了，冰變成水，我慢慢喝著紅豆冰水，哇，真是幸福的感覺。那一整個下午，我像是嚐盡人間美味。

師傅看到我吃紅豆牛奶冰的模樣，忍不住說：「將來你有錢了，可以吃好幾碗紅豆牛奶冰，但你一定吃不出現在這味道了。」我問他為什麼，他說：「因為在貧困的環境下得到的東西，特別珍貴；但是當你有錢了，這些都不稀奇了，再也吃不出美味了。」

我覺得頗有道理，這碗紅豆冰讓我格外珍惜這艱苦的環境，戰戰兢兢的工作，不敢懈怠。

用解釋取代反擊

我有個習慣，當同業攻擊我公司時，我不反擊，因為我不想在同業之間樹敵。

有時候我們的外務在外面聽到別人對公司的惡意批評會很生氣，我都勸他們，改用解釋的方式告訴別人我們的優點。

他們有時候很不平，問我：「為什麼被欺負不能反擊？」

如果你攻擊我，我就攻擊你，在業界會造成不好的循環，而當你攻擊別人時，你也得不到好處。

同業之間一定有競爭，競爭難免有手段，某些不正當的方法的確可以獲利，但公司的員工會怎麼看你這個老闆？別人又會怎麼看你？更重要的，天底下沒有祕密，事情一定會傳出去，你在業界的評價可能一落千丈，這是得不償失的。

我認為每個老闆都有責任和義務帶領自家公司往光明正大的方向走。如果你認為某同業做得好，可以大方讚美他們。懂得讚美別人的人可以提高自己的品格，別人也會對你另眼相看，而且可以樹立公司的文化和形象。

從學徒變師傅

有一次，我與還沒成為太太的女朋友約會。我們約中午十二點，我準時赴約，但她卻遲遲沒出現。那是夏天，天氣很熱，我從中午等到天黑，直到晚上七點多，她終於來了……

在每天的例行工作中，我最期待的就是用餐時間。這裡的伙食好極了，每餐都是四菜一湯，有魚、肉、海鮮、青菜……我每一餐都吃三大碗。可能家裡窮的關係，我看到滿桌佳餚忍不住狼吞虎嚥。師傅很不以為然，頻頻問：「東西有那麼好吃嗎？」我猛點頭說：「對。很好吃，很好吃，真的很好吃！」同儕看得目瞪口呆，私下常說：「這個剛來的傢伙怎麼這麼會吃？好像在搶，怕吃不到一樣，簡直是個大胃王。」還有人抱怨：「這個人吃飯怎麼那麼沒規矩？」他們不了解，我正在發育，很容易肚子餓，飲食對我真的很重要，所以我特別珍惜工廠的三餐。

節儉成性，思鄉成疾

我因「節儉」曾鬧過洗衣服的笑話。一般人洗衣服都用肥皂或洗衣粉，一包洗衣粉也很便宜，但我捨不得買，就用工廠免費用來洗碗和清洗金飾污漬的沙拉脫。我不知道沙拉脫只能去油漬不能除髒，直到我的衣服越洗越黃才發現不對勁，大家看了都笑翻了。

師傅由於薪資高，生活過得很豐裕，所以從不自己洗衣服，而是直接送到洗衣店洗。我幫他們拿回來時，摸著燙好的衣領，聞起來像曬過太陽般的清香，直覺那就是「有錢人」過的日子。

此外，他們的娛樂也多采多姿。他們會去圓山打保齡球、西門町的「麗聲歌廳」聽歌。陳蘭麗唱的「葡萄成熟時」紅遍大街小巷，每看完秀回來，師傅都會哼上幾句，令我們這些學徒羨慕不已。

我除了幫師傅打雜跑腿外，晚上也幫他們寫情書。我常寫家書回老家，他們看我的字既大又漂亮，乾脆叫我代筆，但也不忘糗我：「你這人個子小長得又黑，怎麼寫的字跟人看起來這麼『不搭軋』。」

排開這些外在的活動，我的內心是空虛的。下班後幾乎沒有娛樂可言。其實工廠跟我年紀相近的學徒倒是有幾個，但都不是我聊天和談心的對象。我個性原本就內向，不善於跟別人交談，加上本身表達能力不佳，鄉下人不太會說話，也不知道如何跟別人溝通，心情非常鬱悶。

我們住的環境並不好。宿舍是夾層屋，高大的人站起來就頂到天花板，睡的通鋪只分得到夠轉身的位置；甚至每個人的嗜好、習慣不同，都製造不少問題。

我記得有個師傅喜歡養鴿子，鴿子常引來蜈蚣。我睡前把褲子吊起來，蜈蚣趁機跑進去，我不知情。隔天早上穿褲子時，剛好壓到蜈蚣。牠一生氣反咬我一口，咬得我叫苦連天，我立刻去看醫生，但裡面的毒汁一直殘留在裡面，使得我的腿整天感覺麻麻的，苦不堪言。

由於缺乏親情、友誼，每到深夜，我就思鄉嚴重。我在工廠的前一個月，幾乎每晚都把自己埋在棉被裡哭，連吃飯也會想起媽媽的菜，即便那時家裡的菜很寒酸。

我想家想得厲害，有一天終於忍不住了，鼓起勇氣打電話給住在中和的二哥。他的個性剛烈，平時很兇，我很怕他。我結結巴巴的說：「我……心門啦(台語「想家」的意思)想回……嘉義啦……這裡喔……很甘苦啦……怕不習慣……」話還沒說完，二哥劈里啪啦一陣辱罵，最後拋下一句：「你要回去，就自己回去！」「啪」的一聲，掛掉電話。

我被二哥嚇到了，沒想到他的反應這麼激烈。我只好忍下來，繼續留在工廠做工。

好在阿爸和媽媽偶爾會到台北二哥家，如果是禮拜天放假，我就會過去看他們。有一次媽媽無意中跟我說：「你三哥說要退伍了啦，寫了好幾封信回家要五百塊，他說金門酒台灣不容易買，很多回台灣的阿兵哥都會多買幾瓶酒回來；可是喔，家裡沒錢，不知道該怎樣回他信好勒？」

我一聽，立刻說：「我這三個月存了五百塊。我寄給三哥好了。」媽媽說：「是喔，你真會存錢啊！好啊好啊，就給你三哥好了。」

其實這五百塊原本打算給媽媽當家用的，沒想到最後卻給了三哥買酒。

升上師傅，擁有高薪

我做滿一年半左右開始「按件計酬」，每件抽兩成，薪水開始變高；學徒做滿三年就可以升師傅，師傅則抽八成。

我當上師傅之後，老闆在附近買了一塊地蓋工廠，這時裝了冷氣，工作環境大幅改善，我的薪水也大幅成長，一個月有五、六萬，在社會上稱得上高收入。我國中同學在工廠做事的平均月薪才四、五千元，我的收入是他們的十倍多。

有一年開同學會，他們要我談打金學徒的故事。我說：「當上師傅之後，學徒已經少了，因為這一行開始用大量的機器生產了。」我轉述當年困苦學習的過程，頂多只能轉述十分之一，因為比較辛酸的一面很難用言語形容。

追求愛情，勇往直前

值得一提的是，我在白金事業、老家狀況都逐步上揚的時候，感情也有了著落。

十九歲那一年的農曆八月十一，我照例從台北趕回東石龍港村。村裡一夥人相約到南鯤鯓拜拜(類似進香)，一般人去那兒都會過夜，我們也不例外，但我們年輕，捨不得睡，加上很多同伴，就有大哥哥、大姊姊過來帶團康活動，在那個活動裡我認識了同村的女孩吳麗美。

她小我一歲，家境優渥。爸爸從事發包工程，媽媽常常一早就跟著爸爸到工地，家裡就剩她一個。她幾乎一人包辦家裡所有的大小事，包括買菜、煮飯、扛瓦斯……吃苦耐勞，臉上總是掛著微笑，給人很快樂的感覺，這個初步印象讓我對她產生好感。

她在村裡很有人緣，人氣很旺，很多人追她。里鄰的婆婆媽媽都希望她做他們家的媳婦。由於她爸爸從事包工程行業，人脈很廣，認識很多縣議員甚至鄉長，家人對她也有期待，希望她將來嫁個有頭有臉的人物。對於我的追求，她家人不贊成，與那些人相較，我這「做學徒」的相形遜色。

我覺得自己得加把勁才行。

回台北後，我利用下班時間寫情書給她。每次寫完情書，當我閉上眼睛，腦海浮現的都是她的笑臉。前後三年多，我寫了七百多封情書，她回我三百多封，奠定我們深厚的感情基礎，也終於打動她的芳心。

民國七十年，我當兵退伍後，先在嘉義結婚；結婚時我親自做了一個戒指給她，這是我能給她最珍貴的禮物。她非常感動。

婚後我用積蓄在中和買了一間二十六坪一百零七萬的房子，然後重返「金足成」，繼續我的白金師傅生涯。

北上時，阿嬤叮嚀我：「有了某(太太)，打拚要更賣力。將來如果創業，兩個人努力總比一個人奮鬥有利。」在她的觀念裡，一個男人要「先成家，後立業」，這是千古不變的道理。

成功，需要毅力

我在工作上「很拚，很有毅力」，但實際上不只如此，在追求愛情上我也「很拚，很有毅力」。

我跟我太太在南鯤鯓認識後不久，有一次她從嘉義來台北，當她返回嘉義時，我特地陪她搭火車回去，到了嘉義後，我再搭火車回台北。

還有一次，她跟朋友來台北玩，約我隔天中午十二點在板橋某個地方的大鐘底下碰面，我很高興，準時赴約。但十二點卻不見她人影，時間一分一秒過去了，兩點還沒看到人，四點、五點……都沒出現。我不停的在大鐘底下走來走去，那個時代沒有手機、沒有BB Call，我也沒有她住宿地方的電話，這段漫長的等待我腦海裡有很多想法，猜她也許不想跟我交往，猜當時追求她的人很多，根本沒把我當一回事……但我還是決定等下去。

那是夏天，天氣很熱，我從天亮等到天黑，直到晚上七點多她終於出現。我看到她，心裡有說不出的高興。

原來她忘記了，後來才想起來，急忙趕來。她見到我，十分驚訝。「你怎麼還在這裡？」

事後，我朋友得知整個過程，罵我做傻事。「你真笨啊，如果最後沒結果，不是白費心血？」我說，就算最後沒有結果，也只是犧牲一些時間而已，至少我努力了，不會遺憾。但如果我當時放棄等待，一走了之，也許根本沒機會打動她呢！

這件事給我很深的感觸。常常我們離成功很接近，但我們可能不知道；如果不堅持下去，可能就失敗了。

有時候你覺得這個人在做笨事，但很多時候這笨事導致成功。就像愚公移山，很多人笑愚公笨，但他終究移山了，他是成功的。

我後來告訴那個朋友，「只要不放棄，就有機會。堅持下去，就可能有成果。」

跌跌撞撞當老闆

我問二哥，為什麼我的產品明明很好，銀樓店老闆卻都不要。二哥突然笑出聲來。「你知道你這樣穿像什麼嗎？」我看看自己身上的拖鞋與短褲，我回說不知道。「像搶金仔店的，而且你又背著那個背包，像是裝槍的。」二哥說完哈哈大笑。

我退伍回到「金足成」之後，師傅已經很少了，白金產業盛況不再，景氣蕭條，工廠已是另一番局面。

造成白金一夕間崩盤的主因是台中某不肖工廠摻入不純的「成色」。成色指的是「含金量」，一般的白金是PT九〇〇（意指含白金量為千分之九百），但台中這家原本做農藥行的老闆的兒子，可能發現白金很有賺頭，於是到處挖一些師傅做白金，為了打入白金市場，他做白金七〇〇（意指含白金量為千分之七百），其他人看老闆做七百，也東加一點，西加一點，到了市場變成白金量只有三〇〇。由於成色不足，消費者對白金起疑，失去信心。白金業自此一落千丈。

同事陸續離職

我當兵時就陸續聽到「金足成」師傅一個個離開的消息，有的返鄉，有的轉行，還有幾個師傅和外務在外合開工廠，挖走工廠一半以上的人。「金足成」歷經白金產業最輝煌的一、二十年，眼見人才出走，白金變質，卻無力改變現狀。我的老闆很灰心，常有「無力回天」的感慨；後來他默默轉投資一些機器，我覺得他是「寧可相信機器，也不相信人了」。

那一波出走人潮中，也有人請我過去，條件開得還不錯，但我都一一婉拒。「為什麼不走？出去闖一定沒問題，走啦！走啦！」我不為所動是因為老闆對我很好，此時此刻，我不想這時離開工廠。我知道老闆看到他一手栽培的人出去自立門戶，非常傷心，我不願意在此時背叛他、打擊他。我認為「做事是一時的，做人才是永遠的」。

即便如此，我們之間仍無法跨越傳統中老闆和部屬間的距離。我們從來沒有私下吃過一頓飯，平常也不會噓寒問暖。我願意留下來除了感恩還有一個原因，那就是我很欣賞他的風格。

他算是個平庸的人，但為人正派，強調員工工作時必須維持好的紀律，例如，不准賭博、喝酒、抽菸；偶爾看到有人抽菸、喝酒會容忍，一旦有人賭博，他就會出面制止——是我尊敬的老闆形象。

決定創業，老闆給予祝福

工廠情況的確大不如前。我每天上班就為了等下班，我做的金飾按件計酬，由於沒生意，隨著時間一天天過去，我的收入大減，回到家總是愁眉苦臉。當時我已經有一個兒子而且太太即將臨盆，房貸壓力與日俱增，我甚至覺得可能沒錢生孩子了。

有一天我帶太太做產檢。醫院在板橋火車站旁，我趁機跑去買一張愛國獎券，卻意外中了一萬塊，那是最後一期的愛國獎券，扣掉兩千塊的稅金，還有八千塊，「我就說嘛，天無絕人之路，這不就應驗了？」我太太高興的說。「天公總會疼憨人，我們只要努力做事就對了，其他困難不要去想。」

不過，我評估自己的未來，還是得想一想才行。倘若再待下去，形同浪費時間。如果這時候出去創業，改做黃金，還大有可為。

於是我把創業的構想跟太太商量，她是那種我一旦做決定就不會反對的人。她主動提起：「你的資金夠嗎？要不要把中和這棟房子拿去二胎貸款？」我正有此意，房子可貸三十萬，她再把結婚時丈人給的嫁妝(黃金)賣掉，有了這些資金，我心想，黃金、白金都是手工藝，我的加工技術還可以，又有好的產品(我堅持都是四個九的黃金，最好的原料)，出去賣給別人應該沒什麼問題。

我猜想這時候離開應該可以得到諒解，就把想法告訴老闆的弟弟，我叫他二老闆。

「你想出去喔?出去做什麼?」他問。

「我，我想出去做黃金看看。」我說。

「你都想通了喔？」他的口氣很溫和。

「對啊，都想過了。」

「好啊！你要是出去有什麼困難可以回頭來找我。」我聽了很感動，我們的面談雖然很短暫，但感覺很溫暖。

就這樣，我離開了栽培我長達十一年之久的「金足成」。

家庭即工廠，全家拚經濟

民國七十四年春天，我邁開創業之路。

我們工廠的基本成員只有我、太太，還有小舅子三個人，很符合當時政府提倡的「家庭即工廠」政策。

「家庭即工廠」在當時十分興盛，即在家庭的客廳內進行小規模的作業，像捲炮竹、插電子零件、刺繡、做鞋、做筆墨、炊具、竹器……幾乎全家總動員，沒日沒夜地打拚。這些作業產量不大、產值不高、利潤微薄，有的以「角」計，卻為許多家庭帶出一片生機，解決不少生活上遇到的麻煩與不便，包括失業問題。

「家庭即工廠」的特色是家庭成員都是「工友兼校長」，大小事樣樣自己來，一切克勤克儉。台灣傳統產業幾乎就是像我這樣從地基開始做起。

我太太的技術來自我的指導。我當師傅時，下班後就把半成品的耳環、項鍊、手鍊……拿回家做，她負責最簡單、最基本的「扣鍊」。我小舅子的技術也是我教的，我當師傅後，把有心做白金的他拉到工廠一起做。他很肯學，頗有慧根，很快進入狀況。

剛創業，我的資金不充裕，我想到二老闆也許願意幫我，於是開口向他借黃金，他一口答應，立刻拿出一公斤(將近四十萬)，而且不需要任何擔保。他真的把我當兄弟看待。

再三被拒絕

產品一件一件的出爐，我的喜悅難以形容，接下來就是推銷了。我把產品用布包起來，放在一個長形的帆布袋裡(那種袋子在當時非常流行)。我穿著拖鞋和短褲，頭髮也沒怎麼整理(就是我在工廠做工的樣子)，騎著摩托車穿梭台北大街小巷，找銀樓店推銷。

一路上我還沾沾自喜：我的產品這麼漂亮，成色又好(我敢打賭，我的「成色」幾乎是全業界最好的)，我一個人出去賣絕對沒有問題。由於白金在業界曾被人破壞，我立志自己獨當一面之後一定要以「誠實」和「信用」當品牌，絕對堅持成色的品質。我非常有信心，彷彿未來一片美好。

「老闆老闆，我是做黃金的，有些款式你要不要看？」初試啼聲，我謙卑的彎腰拜託銀樓店的老闆賞臉。

那個老闆轉過頭，瞄了我一眼，用手揮一揮。

那個年代，每一個銀樓店都有固定的貨源，所以不輕易接受不認識者推銷的產品，這一點我懂；但總覺得會有人因為我的產品好而破例吧。我不氣餒，繼續找下一家。

「老闆老闆，我是做黃金的，有些新款式你要不要看？」第二個老闆連看都沒看。「我很忙，真的很忙。你不要來打擾。」我覺得也有道理，因為銀樓店的老闆通常都很忙。我打起精神，騎著摩托車，繼續找下一家店。

我秉持著同樣謙卑的態度，但也得到同樣的拒絕。在那炎炎夏日，第一天跑了二十多家，得到的答案千篇一律，說沒有灰心是騙人的，但說沒有放棄也是真的。

回家後，我一直思索整個經過，從早上的興致勃勃到晚上的敗興而歸，老實說，我事前完全沒有想過我的產品可能賣不出去，雖然我沒有一點做生意的經驗和概念，但總覺得那不是重點，重點是我做的項鍊、耳環、戒指這麼好，銀樓店的老闆沒有拒絕的道理啊！

隔天，我仍然打起精神，騎著摩托車，繼續到台北銀樓做生意，結果和第一天一樣；第三天、四、五天……都一樣。

後來我想到二哥，他也開銀樓店。我隔天就去找他。

改變形象，穿長褲

我把拿給銀樓老闆看的產品拿給他。「你看，我做出這麼好的產品，結果他們都不要。你幫我看看，究竟是什麼原因？」我二哥上下打量我：「你就穿這樣去喔？」我說：「是啊！怎樣？」

我打從出社會就一直待在「金足成」。夏天，工廠像個大熱爐，為了賺錢，大家忍著高溫，打著赤膊；冬天，工廠像暖爐，大夥穿得少，只要一工作，身體也跟著熱起來。學徒和師傅，大家都穿得很隨便。拖鞋、短褲，甚至打赤膊，從沒想過要打理門面。

他突然笑出聲來。「你知道這樣穿像什麼嗎？」我不知道。「像搶金仔店的，而且你又背著那個背包，像是裝槍的。」他說完哈哈大笑。

笑歸笑，畢竟是親兄弟，二哥大概不忍心我因此受到打擊。「好吧，我有一些師兄弟，他們也開金店。你去跑跑看，說我介紹的就行。」他提出了五、六家店，我馬上過去拜訪。

我拜訪二哥介紹的客戶所做的第一個改變就是——改穿長褲。這是門面，給別人的好印象應當從這裡開始改變吧！

做生意靠關係，不長久

這一回有了二哥這層「關係」，一切變得順利了。好幾家店一聽到二哥的名字馬上說沒問題。他們不但看我的產品，而且不忘稱讚一番。其中一家店的老闆特別端詳我的產品，研究好久。「喔，你這『工』做得很好喔！夠細，也很漂亮。你這工錢多少？」我說：「加工費要四百塊。」

他一聽，嚇了一跳。我說：「我的原則是要四個九的黃金。」

我跟銀樓交易的方式是，如果這條項鍊五錢，對方也要給我五錢的黃金，外加「加工費」，我賣（賺）的就是加工費。例如，這項鍊是用四個九的黃金做的，我要求對方跟我換的材料也必須是四個九的黃金——我們的交易是黃金換黃金。

他聽了露出勉強的笑容，然後拿走一條項鍊。我非常高興，在經歷不斷被銀樓拒絕之後，這一條項鍊讓我信心大增。臨走前，我說：「如果賣得好的話，可以打電話給我。」

我一直等他的電話，但他始終沒打電話來。後來我才知道那個老闆勉強的表情，原來我的工錢比人家貴三倍，當時很少人用這麼好的「成色」做黃金，那時有兩個九的黃金就不錯了。他一定想，你剛出來做就要求這麼高，簡直比大的加工廠要求的還多，大概覺得我不自量力吧。

也許他沒聽我的「條件」之前會多拿幾條，但聽了之後，也許後悔了，而他拿走的那一條項鍊，我合理懷疑是因為我二哥的「關係」，否則他連一條都不會拿，因為這一條項鍊對他來說很難賣，賣不出去，他自然不會再找我了。

我把二哥介紹的客戶跑完之後，除了那一條項鍊，毫無斬獲，一切回到原點。

我依舊一個人騎著摩托車在台北大街小巷找銀樓、問老闆要不要產品……結果都是空手而歸。

這件事給我一個很大的啟示，那就是「做生意，要賣觀念」。如果做生意靠關係，不會長久；除非兩者理念相同，否則只是短線操作。

公司的部門決策權在單位主管，不在老闆

很多公司都在「權責」上出問題。一般人都不想負責任，因為負責任的人常挨罵，被罵了以後就害怕負責任。

有權力就要負責任。如果你有權力卻不想負責，就會把責任推給別人，當你把責任推給別人時就不可能有成就感，因為負責任才可能帶來成就感。

有很多公司都把決策權和建議權搞混，導致最後在管理上出現危機。舉例來說，每個公司都有很多部門，每個部門都有一位主管，他擁有決策權，也最了解該部門的狀況，例如該部門電話壞了，需不需要換支新的電話，他最清楚；但很多部門主管做決策時，通常會去問老闆的意見，問他「電話壞了，該不該換？」「我決定要換，你覺得呢？」把決策權丟給老闆。

事實上，老闆最主要的工作是制訂整個公司的大方向，並且監督每個部門的主管是否克盡職責，怎麼可能知道每個部門的小事情？

但如果主管「禮貌性」的問老闆，如果你是老闆，切記，你所提的只能是「建議」他怎麼做你覺得會比較好，而不能為那個主管做決策。

但是，很多老闆的建議，部門主管幾乎照單全收，完全認同。

事情會演變成這樣是因為很多主管想逃避責任，乾脆把決策權丟給老闆，到最後某部門電話壞了該不該換之類的或者地毯壞了要不要買之類的小事都得老闆做決定，如此一來，這位主管就失去他在這職務上的意義。

曾經有個公司的總經理即將退休，內部將找一個接班人，這時有兩個資深的經理爭搶這個位置。公司拍板定案，由資歷較淺的那一位升任，另外一個人非常不服氣，衝到董事會質問：「我這麼專業，而且我的年資又比他久，為什麼當總經理的是他不是我？」董事會回他：「他雖然沒你專業，但他會用專業的人。」

這就是答案。

一般來說，專業人員都在部門當主管，負責決策。總經理只是個管理者，地位跟老闆一樣；他並不需要專業，但只要懂得用專業的人做決策，他就是個稱職的總經理。

當兵兄弟拉我一把

記得某天晚上睡覺前，太太跟我說：「你不要難過。我不怕你失敗，只怕你失敗以後爬不起來！」但我心裡暗想：「我不要有失敗的機會，失敗是可以預防的。我為什麼要讓它發生呢？」

我忍不住又回頭找二哥。他是個非常有個性的人，我若非走投無路，絕對不會找他，現在我的產品一直賣不出去。我不得已，想聽聽他這位「前輩」的意見。

這一次二哥沒給我好臉色看，一開始就斥責我。當初離開「金足成」出來創業時，他是反對的。他認為我收入很好又穩定，不需要自立門戶。「我就跟你說，叫你不要出來，你就要出來，做生意根本沒你想像的那麼簡單……」

我不敢當面反駁，其實我並沒有後悔，因為我的目標在「未來」。不過，不管當時我有多大的理由、多少雄心壯志，現在的確踢到了鐵板。我被他罵得說不出話來。

這一次他沒幫我，我也沒再開口，好像這一趟來是特地找罵挨似的。二哥罵完後，我低著頭離開，這一切在我預料之中。

我默默的回家，心情很沮喪。我覺得自己實在太單純了，為什麼覺得光憑好產品就可以創業呢？

苦無人脈

回家的路上，我不斷的想：我十六歲離鄉北上，從學徒做起，儘管我受過扎實的基礎訓練，卻沒接受過「社會」歷練，導致我的判斷與自我期待出現嚴重落差。兩個月前我還領四、五萬月薪，兩個月後卻沒有一毛進帳。「怎麼會這樣？」我不停的問自己。

曾經有人問我：「你在『金足成』做了十一年，難道都沒有自己的人脈嗎？都不認識一些銀樓店嗎？」

老實說，「都沒有」。

那十一年裡，我守本分的在工廠當學徒、師傅，所有的心思和精神都花在如何把金飾做得更好，幾乎沒有機會接觸外面相關行業；所以沒有做生意的經驗、沒有人際關係，也不懂得遊戲規則，更別說通路行銷了。例如我不知道市面行情、找不到要求「成色」的客戶，也不知道客戶要什麼，而且要命的是，不是所有的客戶都要最好的，像我這樣要求原料、品質、高檔貨的，非常少。這些困難在我決定創業之前完全沒想過。我自以為做生意該具備的條件都有，實際上根本不是這麼一回事，充其量我只是個「技術」還可以的師傅而已。

從創業開始，我虧了不少錢，壓力很大，除了固定的開銷，還得付第一、二胎貸款。每天急得像熱鍋上的螞蟻。

太太樂觀開朗，是一種幸福

我難過得茶不思飯不想，連續失眠一個多禮拜，焦慮得幾乎無法進食。

我在外面受了挫折回家都不講的，我太太也不知道我遇到什麼困難，但我的憂慮藏不住。她看出端倪，我才坦白的說：「我們做的飾品，不好賣！」

她一聽，愣了一下。「喔，沒關係啦，沒賣出去也不是什麼大不了的事啊！有錢就過有錢人的日子，沒錢就過沒錢人的日子。我們現在沒錢，我就少買一點衣服、少吃一點東西囉！過得省一點，日子照樣過不是？」她企圖安慰我，還舉出東石家鄉挖蚵仔人家的生活說：「你看他們一天到晚挖蚵仔，一天才賺一、兩百塊耶，還不是每天喝酒聊天，過得好好的。你這一點挫折算什麼？」

的確，我的挫折在她眼裡從來都不是挫折，真不知道這是不是我的幸運，她是一個超級樂天派的人，什麼事情都無所謂，每天無憂無慮的。她常說：「免驚啦，人好沒有好一輩子，壞也沒有壞一輩子。山窮水盡就會柳暗花明啦！好壞都照輪的。」她認為天下沒有走不通的路，她的名言是：「船到橋頭自然直」。路走到哪，那兒就變直。她還相信我會有「貴人相助」——我們可以說是活在兩種不同世界的人。

她的樂天某時候我覺得也很好，因為壓力我一個人扛就好。我雖然鬱卒，家裡卻因為她的開朗而還有笑聲。

記得某天晚上睡覺前，她跟我說：「你不要難過。我不怕你失敗，只怕你失敗以後爬不起來！」但我心裡暗想：「我不要有失敗的機會，失敗是可以預防的。我為什麼要讓它發生呢？」

找老字號，碰一鼻子灰

我在極度痛苦時，腦海閃過「楊源美」三個字。這是中壢一家非常有名的老字號銀樓，生意非常好，據說是少數要好的黃金的店，這一點跟我理念相同，我相信我的產品應該有機會獲得他的認同。隔天，我迫不及待騎著摩托車趕過去。

楊源美的「店面」很大，老闆坐在裡面，中間有一大片玻璃，是那種老闆可以透過玻璃看到店面情形，但店面的人卻看不到裡面狀況的那種玻璃。

由於傳統的銀樓店幾乎都是祖傳事業，大部分由家人看管；但「楊源美」卻另請「小姐」負責，這在當時是非常少見的。粗估全省銀樓請小姐看店的不到二十家，顯示「楊源美」的規模。

「小姐，請問你們老闆在不在？」我客氣的問。

她看了我一眼，問我有什麼事。「我有好的產品想拿給他看！」她猶豫了幾秒鐘，「請等一下！」我看著她走進去，很快的又走出來。「老闆不在！」前後不到二十秒。我心底一沈，心想既然老闆不在，只好走人。

我從中和騎摩托車到中壢來回花三個小時，她從進去到出來卻花不到二十秒，這一趟太不划算了。我猜老闆應該在裡面，只是這種老字號銀樓有固定貨源，不隨便向別人取貨，所以才不願意見陌生的我吧。

也許我應該想其他方法，但我心急，也不甘心一無所獲。一個禮拜後，我再騎摩托車過去，同樣碰一鼻子灰。

太太忍不住說：「老闆不在，你可以留個電話啊。如果對方需要，也許會主動跟你聯絡。你就不用白跑一趟了。」這話雖然有道理，但我的個性內向，又不善於交際，跟人對話時，想要說的話常常都含在嘴裡說不出來，當然連留個電話和拿出名片的膽子也沒有。此外，我內心深處有自卑感，這自卑感來自於拜訪銀樓店的過程中遭受到的打擊。只要想到那些老闆連看都不看我一眼，我就沒有自信了。

二老闆協助，打動老字號

我在家裡待了幾天沒出門，後來想到「金足成」的二老闆跟「楊源美」很熟，於是我鼓足勇氣打電話給他。

他一聽說我有困難，二話不說，馬上答應。「你過來我這邊，我跟你一起過去。」他的聲音帶給我很大的力量，因為我已經自立門戶，也算是他的競爭對手，沒想到他毫不在意，這點讓我很感動。我感覺得出他打從心底想幫我這個忙。

去中壢的路上他說：「楊源美不是大牌，而是想見他的人太多，所以不認識的人他不會想見，像我跟他很熟就不用透過櫃台小姐啦！」果然，一到店裡，他連招呼都不打，直接把我帶進屋裡。

老闆一看是熟人介紹，花了一點時間看我的產品。「嗯，不錯，不錯！」他幾乎一看就喜歡。「我們也是堅持要四個九的！」陪同我的二老闆適時補上一句：「這個人很老實，你跟他做生意絕對沒有問題。」

不過，合作初期，他覺得我們需要一段適應期考驗彼此的信賴，所以「嘗試」性的訂了一些貨。

「楊源美」的訂貨單給我不少鼓舞，不過，對於想長期經營的我來說是不夠的。有一天我突然想起以前當兵的朋友黃思慶。我們在同一連，在部隊時他問我：「你在做什麼行業？」我說在做「白金」。他聽了眼睛一亮，「我爸爸也在開銀樓。」我們一聊才知道他家的銀樓店在我工廠附近，更巧的是我們還做他們家的金子代工，是長期的客戶呢！由於這一層關係，無形中拉近彼此的距離。

我們的關係像是「君子之交淡如水」，不會把酒言歡，也沒有借貸等利益上的關係。我退伍後繼續在「金足成」工作，由於離他家近，偶爾會找他聊天。我相信若我有困難，他會伸出援手，而我們都知道彼此是誠懇可靠的人。

當兵兄弟，拉我一把

我一到他家就明白的告訴他近況，也把自己的產品拿給他看。黃思慶原本在銀行上班，後來接掌家裡的銀樓店，已是可以做決策的人。他看了一下，很夠意思地買了些產品「捧場」。

這時，他媽媽出現了。她也過來看，覺得我的產品真的不錯。「我有一位結拜妹妹的兒子在當黃金中盤商，他家就在對街，我們兩家是世交，應該可以幫你一些忙。」她繼續說：「那個人喔，他要的也是最好的黃金、工要漂亮的。你這個應該很符合他的期待。這樣吧，我來幫你介紹！」我聽了又驚又喜，她繼續說：「你放心，沒問題的。我們兩家都算老字號，信用很好。我介紹的他們應該都會接受。」

黃媽媽以前服務於台灣省政府會計室，樂善好施，尤其喜歡幫助年輕人。她看我跟黃思慶的同袍關係還有聽我幾次到她家的交談，覺得我是個可靠的人。過幾天，她就帶我去見那個中盤商——「寶華銀樓」的江國豐。

江國豐是第二代，「寶華銀樓」是他父母開的銀樓店，經營二十多年。江國豐原本也在金融界服務，當時因故離開，想自己出來創業，於是選擇跟家業熟悉且跨行業的黃金中盤商。「我希望找有『特色』的產品，也許對我的事業比較有幫助。」

我攤開產品，他臉上浮現歡喜的笑容。「我正缺這麼好看的貨！」他問我黃金的成色和工錢，我據實以告，他聽了更滿意。我們倆花了很長的時間談「理念」，因為我是屬於工廠性質，他屬於銷售性質，我們彼此不熟識，所以得靠深談取得信任。我們聊得很深入，而且我再三向他保證。「關於『成色』，我一點都不會馬虎，也不會有變通或取代方式。我就是堅持好品質，這一點你不用懷疑，這是我工錢貴的原因。」他很同意我的理念，當下我們覺得彼此都「找對」人了，他心滿意足的說：「這個貴一點沒關係。我幫你跑跑看，現在的市場良莠不齊，不過有些銀樓店比較願意接受高價位、高品質的黃金，而且你的款式也很特別，他們應該會喜歡。」

他逐漸的下訂單，測試市場接受度，沒想到反應相當好，包括他父母開的銀樓店。他說：「要老字號的銀樓店接受新的產品並不容易，尤其在品質上會要求得很嚴格，因為他們不會輕易砸自己的招牌。你的產品滿創新的，成色又好，在都會區特別好賣，我感覺他們是很『信任』你。這一點不容易喔！」沒多久，他就下了「很多很多」訂單。

「這人很老實，有事我負責！」

我這一路尋尋覓覓、跌跌撞撞，終於皇天不負苦心人，碰到一個「惺惺相惜」的事業夥伴，這更堅定我的意志和理想，因為天底下真有「識貨者」。

雖然我得到大量的訂貨單，心情卻喜憂參半。喜的當然是有人相中我的產品，而且數量還不少；憂的是我沒那麼多的黃金可以交換加工。因為我的資金有限，創業花費不少，已經沒有多餘的錢再買黃金了。我只好告訴江國豐實情，同時跟他商量：「你可不可以先出一些黃金給我做，我算你便宜一點？」

江國豐顯得面有難色，因為他即便覺得我的產品很好，但畢竟黃金就是錢，更何況我們才剛認識。我猜他心裡一定想：「萬一我出黃金給你，你拿到黃金就跑了，我該怎麼辦？」

這時黃思慶的媽媽馬上為我解圍，她說：「這個人很老實，做人非常實在，絕對可靠，你黃金就出給他做。有問題我來負責。」

我聽了很詫異，其實黃媽媽對我的認識不多，只因為我和黃思慶的同袍之誼卻替我掛保證，當下我感動得說不出話來。

我的狀況從此開始起死回生，一個月的營業額從以前不到一萬驟增到十幾萬。過去到處碰壁的難堪終於成為過去式，生活也出現了轉機。

用合作取代競爭

我認為當一個公司成熟到一種程度就可以跟同行合併，用以取代競爭。國外有很多企業合併後變得更具競爭力的例子，但在台灣卻比較少見。

台灣的企業常常是越變越小，例如原本是一家公司的同事，因為彼此觀念不和拆夥而變成兩家公司，原本只有五家的後來變成十家，甚至也有可能演變成二十家，力量越分越小，競爭力也越來越弱，甚至最後退出市場。

小企業不能成為中企業、大企業，是因為不懂得以合作代替對抗。我主張合併是基於節省人力、團結合作的考量。

舉例來說，台灣有十幾個品牌，每一家品牌都有十幾個人做行銷企劃，十幾個品牌就有上百人，但他們都在做同一件事，如果這十幾個品牌可以結合成兩個或三個品牌，馬上節省人事，競爭力也變得更強。小企業可能變成中等企業，慢慢變成大企業。

企業合併已成為一種趨勢，這是因為老闆已經看出合作取代競爭的優勢。

公司合併之後，原來的老闆變成單純出資的股東，如果有意見可以在股東會表達，盡一份心力，何樂而不為？

堅持品質，生意起飛

有一晚，我實在睏極了，特地跑到西藥房求救。「老闆，你有沒有賣吃了不會想睡的藥？」老闆看我一眼。「你很久沒睡了喔？」一副很同情我的樣子。我苦笑一下。他說：「沒這種藥啦！你現在應該要『睡覺』，不是『吃藥』。」

我做出一點成績後，同業之間互相介紹，我又爭取到「真奇巧」中盤商。知名度逐漸打開，生意在穩定中不斷成長。

然而，由我、太太、小舅子三個人所組成的公司已經應付不了日漸龐大的工作量，於是我拜託阿爸在老家東石找一些國中畢業不想繼續唸書而想賺錢的孩子到我這裡當學徒。

這一找，來了四個。

我家二十六坪，三個房間，這下擠進九個人：我們一家四口住一間、學徒和我小舅子住一間（分上下層的大通舖）、另一間放機器。

開放大陸探親，金飾是見面禮

那是民國七十六年，正逢政府開放大陸探親，由於黃金攜帶方便，返鄉的人幾乎都買戒指、項鍊等首飾當見面禮。他們把戒指放在紅包袋，這在大陸算是「貴重」的禮物。我們為此還做一款「探親戒」，一個一錢，價值一千二，若要變現或轉換成其他飾品都很容易，所以購買黃金戒指的人口大量遽增。聽說返鄉的人在銀樓店還細數大陸的親朋好友有多少人就買多少個「探親戒」，一口氣買二十個戒指的客戶大有人在，無形中銀樓店需求量大增，生意突然好得不得了。

不過，有些黃金工廠為了供應大量的產品，開始「偷工減料」，「成色」的純度慢慢走下坡；但我依然堅持高成色品質，就連產品的「焊接」也不例外。

當時大部分的黃金工廠銜接金子都使用「焊藥」。一旦使用焊藥，為了讓它熔點更低，工廠會摻雜銅或銀，如此一來成色就降低。但我的產品完全不使用「焊藥」，而是在黃金剛熔化的剎那銜接起來（這種技術在專業用語上稱為「跑水」），可以維持高成色的品質；在當時很少工廠像我這樣從頭到尾都用「跑水」，所以兩者相較，我的產品就比較好賣了。

其實一般師傅都具備「跑水」技術，但這不容易處理，「焊藥」比較容易做，而且用焊藥又可以賺取差價。如果老字號且在乎成色的銀樓店，老闆會把黃金拿去燒，以測試成色。如果使用焊藥者，黃金馬上變黑；像我這樣使用「跑水」技術者，黃金不會黑。

我如此堅持成色的穩定在老字號的店家比較吃香，這是我產品佔上風的原因。加上消費者的意識已經抬頭，喜歡好的成色的人越來越多，相較之下，我的產品銷路變得很好，我和中盤商合作的夥伴關係也更加穩定。

由於我的工還不錯、黃金純，客戶一個介紹一個，一夕之間，供不應求，每個人忙得不可開交。學徒人手不夠，我又再增加了幾個學徒。

為了報恩，日夜趕工

我太太負責出貨和一天的四餐(因為常熬夜，要吃消夜)，而且還負責帶兩個孩子，她常常兩手做工，一腳踩搖搖椅，安撫哭鬧中尚未滿周歲的孩子。我們經常做到三更半夜，累了就趴在桌上休息，或者在地板鋪張報紙睡。有長達三個月的時間我不知道睡在「床」上的滋味。

我記得天還沒亮，就有店家到我們家按電鈴等著拿貨了，連產品都還沒加工呢，他們就急著拿走；我還有凌晨一、兩點還在送貨的情形。

在這極度忙碌的趕貨過程中，「寶華銀樓」和楊源美、老金山、真奇巧一樣，每天下的訂單算是例行工作，而且中午就得交貨，因為他們跟店家承諾這時間交貨。如果我遲交產品，會損壞他們之間的信用，連帶的也影響我未來產品的出貨量。

有一天，江國豐特地打電話問我出貨有沒有問題。他知道我忙，如果無法準時出貨，他得通知店家延期，我說：「沒問題，我一定幫你趕出來。」

旁邊的學徒一聽覺得壓力很大，反問我為什麼不告訴他實情。「你幹嘛這麼累？這麼趕貨？又不是沒做他的訂單沒飯吃。你應該誠實的跟他說，可能做不出來啊！」我說，他是特別的客戶，我硬接他的訂單是想回報他在我最落魄的時候拉我一把，如果當初沒有他的支持，我根本不可能有現在的生意。我不能忘本，對於他的需求，我義不容辭，就算不睡覺也要把他的貨趕出來。

大家一起趕貨幾天後，年輕學徒受不了連夜加班，白天上班變得無精打采的，有的甚至累得打瞌睡；為了減輕大家的負擔，我決定讓他們維持正常作息，我和太太兩個人則日以繼夜的做。一天大概只睡一、兩小時吧，睏的時候就喝康貝特或流克肝。

有個晚上，我實在是愛睏得不得了，特地跑到西藥房求救。「老闆，你這裡有沒有賣那種吃了不會想睡覺的藥，效果類似康貝特、流克肝之類的？」老闆看了我一眼。「你很久沒睡了喔？」一副很同情我的樣子。我苦笑了一下。他說：「沒這種藥啦！你現在應該要『睡覺』，不是『吃藥』。」

我返回家，進浴室沖把臉，繼續工作，如期把貨交出去。江國豐很滿意，我也很欣慰。

生意起飛，搶劫猖狂

那幾年，台灣經濟起飛，「大家樂」風行，股市狂飆。伴隨著民間資金豐裕，黃金市場繁榮一時，一片看好。

不過，「搶劫」也隨之猖狂，銀樓都是被搶的對象，我們也憂慮成為歹徒眼裡的肥肉。當時擺在家裡有為數不少的黃金；為了以防萬一，我在陽台上裝防盜器自救。

有一次不知道是誤碰，還是真有人想搶，總之，防盜器響了，發出「喔喔喔喔……喔喔喔」的聲音。瓦斯槍立刻執行效力，噴出氣味非常強的催淚瓦斯。我兒子在房間又吐又流眼淚又流鼻涕，學徒們也是一樣。我不敢出去看是否真有人搶劫，只能躲在房內，任由屋裡的人被瓦斯薰得無法入眠。我心裡的恐懼，別人無法想像。

直到天亮了，我才敢打開窗戶和門。

但隔了一個禮拜，防盜器再響一次，同樣的狀況重複上演，一個禮拜連續響好幾次，我們仍然無法分辨真假。但從此以後，我和太太晚上都不敢同時睡，我睡的時候她不睡，我醒來的時候她才睡，後來，我們都受不了了，決定賣掉中和住了三年多的房子，搬回嘉義。

阿嬤肺癆病逝

嘉義的雜貨店在我外出工作後逐年好轉，因為我們兄弟姊妹每個人都把賺的錢拿回家裡貼補家用，一點一滴還，這是我們家人團結的結果，也是我後來很重視「團結」的原因。

阿爸到高雄中船做拆船工作時已年近六十，是所有工作人員中年紀最大的一個。那份工作非常苦，阿爸做了一、兩年後，輾轉從事其他行業，歷經幾個工作，最後回到雜貨店再度當家，家裡的雜貨店已經正常運作了。那時社會風氣逐漸開放，我們家隔壁村莊就有農會，左鄰右舍已經懂得如何到農會存錢了。

老家也重新改建，家境變好，唯一遺憾的是阿嬤不在了。她因肺癆成疾，撒手人寰，享年八十有餘。

阿嬤走後，鄰居還常到我家串門子。有個鄰居說，阿嬤有一天回憶過往，曾主動跟她提起我小時候的事。「阮這孫子唸國中時，看到抽屜沒錢就自己走路上學，這孫子這麼小，怎麼這麼懂事！」她還說我瘦小是因為當初家裡沒錢，沒把我身體補好，一副很愧對我的模樣。「你阿嬤邊說邊流眼淚。她一直都心疼你啊！」

我回顧她一生對我的愛，像一股暖流，穿過我心頭。她在我心中仍留著美好的印象，永難忘懷。

賺錢要先想到對方，再想自己

很多人做生意第一個考慮的是自己怎樣才會賺錢，但我不是，我都是先考慮對方，我是逆向思考的。

我的貨出去，我第一個想到的是我的通路會不會賺錢，跟我配合的人會不會賺錢。

以我跟銀樓店的關係為例，如果我的產品能讓銀樓店賣出去，他們才會不斷跟我進貨；相反的，如果我的產品無法讓中盤商賣出去，變成庫存，他們一定不會跟我進貨，那麼我也不會賺錢，所以我要做的是讓他們需要我。

有一次我到銀樓店，發現他們有很多庫存，那些都是我的貨，我看了很難過。回來之後一直想該怎樣幫他們處理這些庫存，也許給他們「換貨」的方式，把庫存拿出來跟我換一些好賣的產品，或者其他解決方法，當晚我為了思考這些問題一直睡不著。

其實，我的貨賣給銀樓店是「賣斷」的，既然如此，他們的貨賣得出去或賣不出去與我無關，但我認為雙方是夥伴關係，是一個共同體，大家一起好才會好。如果我只想到自己，零售商一定離我而去，這表示我是個自私的人，彼此的生意也不會長久。

Part2
背水一戰

今生金飾
GOLDEN LIFE

▲ 1995年，蔡國南與五家銀樓業者創立「今生金飾」，成爲本土第一個金飾品牌。

沸舞金
YUKI系列
阿媽可以金閃閃上街，美眉為什麼不行？
金鈺良言…
穿金帶鈺的時候到了。Y世代請金光閃閃
最
YUKI
的
金

▶ 徐懷鈺爲「今生金飾」代言的「沸舞金」廣告，當時以麻辣的廣告語言，引起熱烈討論。

成立「蔡千足金飾加工廠」

我印了一些DM當文宣品夾在當地的報紙裡，內容大致上是——凡開幕一個禮拜之內到「蔡千足純金首飾」店消費者，只賣黃金的錢，免工資。在這之前，從事黃金銀樓的業界從來沒有人做「廣告」，我的「創舉」馬上引起朴子當地銀樓店的不滿。

搬回嘉義，我的構想是延續在中和的金飾加工廠。我跟家人商量把家後面的一塊地蓋間小工廠，蓋廠期間則借用岳父家三樓的空間當臨時工廠，等工廠蓋好再搬回去。

妥協中，成立珠寶店

重返家鄉，我面臨事業重新起步的壓力，脾氣不好；太太也是，她的壓力來自於學徒的管理，因為她對工廠沒興趣，卻不得不每天和他們相處。我們之間的相處變得很緊張，一有不如意就吵架，吵得很兇，幾度一發不可收拾；連帶的孩子也受到影響，我兒子曾經一看到我變臉就嚇得尿褲子……我知道這樣不好，我也發現夫妻倆一起長期工作不是個好主意。我想過，如果我們因長期吵架而導致失和，甚至走上離婚一途，那麼將來即使我的事業成功，人生也不完美。

有一天，我心平氣和的問她：「妳覺得我要怎樣做才能使我們不吵架？」她個性耿直。「我不喜歡管人，又不會罵人，工廠有什麼大大小小的事都要忍耐。如果有個店，我顧店，你顧工廠，這樣分工會比較好。」

開銀樓店並不在我的計畫之內，沒想到卻是她的心願。「好，那就開一家珠寶店，妳來經營。黃金飾品就直接從工廠進貨吧！」

目標大致底定，接下來我得為這家珠寶店取個名字。

我之前在中和創業時屬於「家庭工廠」，沒有正式取名，也沒有申請執照，業界都直接叫我「蔡國南」。同業有個中盤商也沒有為工廠取名，到現在二十多年了，我們都一直叫他「張先生」，因為他姓張。不管「蔡國南」或「張先生」都是地下工廠。現在珠寶店開張，我希望化暗為明。

一般人取名都會找算命師，我也不免俗。算命先生幫我取五個名字，建議我按先後次序登記，如果前面的店名先被別人登記再換其他名字。但這五個名字我都不喜歡。

「你都不喜歡。那怎麼辦？」太太憂心的問。

我想，取名簡單就好，我就自己取「蔡千足」。「蔡」是我的姓，「千足」在銀樓業代表「四個九」，是最好的黃金的意思，而且「千足」在黃金業界大家都唸得很順口，「蔡千足」意即「姓蔡的會做四個九的黃金」，我很得意這店名。但當我把「蔡千足」拿給算命師看時，他卻說這筆劃不好。我太太很緊張。「要用還是不用？」

我承認心裡有疙瘩，因為「算命」這檔事，不算就罷，一算不好，心裡肯定不舒服。但我隨即想，名稱不重要，實力才重要，再好聽的名字如果沒有實力也沒用，所以我堅持用「蔡千足」正式申請執照為「蔡千足純金首飾」。

珠寶店做廣告，開首例

「蔡千足純金首飾」位在嘉義縣朴子市一條安靜的街上，地理位置不算好，人車少，平常沒有熙來攘往的人群，不容易吸引客人上門。我認為應該找個辦法設法讓嘉義縣東石、朴子、六腳、布袋這一帶的人知道這裡開了一家純金首飾店才行。

於是我印了一些DM當文宣品夾在當地的報紙裡，內容大致上是——凡開幕一個禮拜之內到「蔡千足純金首飾」店消費者，只賣黃金的錢，免工資。

其實這種促銷方式很虧錢，一般金飾的賣價是黃金加工資，黃金的利潤很低，工資又免，當然虧本。但我希望藉機吸引附近民眾前來購買，一舉打響知名度，即使虧錢也在所不惜。

在這之前，從事黃金銀樓的業界從來沒有人做「廣告」，我的「創舉」馬上引起朴子當地銀樓店的不滿。他們趁開理事會的時候，把我請過去。

「你是怎樣？你做夾報廣告，那要我們這些人怎樣？哪有人開銀樓做廣告的？開玩笑！生意都給你一個人做好不好？你要搞清楚耶，你是做黃金的。開銀樓的人可都是有頭有臉的，你以為在開雜貨店嗎？你剛來就這麼不合群，一個人搞……」

在傳統的銀樓店，我打廣告的作法在他們眼裡很不可思議，彷彿昭告天下所有的搶匪：

「嗨，這裡有銀樓店喲，地址在這裡！」他們反問我：「你做廣告是要叫人家來搶你的黃金嗎？」

當時開銀樓店的店家的確害怕被搶，我以前在中和也怕，因為那時候黃金原料都在家裡；但是，一旦成立珠寶店就不能怕了，否則怎麼做生意呢？所以我不但不忌諱登廣告，反而歡迎人家「有空來逛逛」。

當時的公會在業界很有分量，我雖然出道幾年，但在嘉義算新人，一個新人要應付他們十幾個人，加上我本來就口拙，面對眾人質詢，心裡有點慌。我吸口氣，慢慢的解釋：「我不是故意跟你們拚價錢的。我的活動期間只有一個禮拜，更何況我開店的地理位置這麼不好，當然希望找機會讓附近的人知道，如此而已。夾報只是讓大家知道的一種方式，沒別的意思，更談不上競爭啦！」我儘可能誠懇的解釋。

「還說不是競爭？簡直是搶錢！」

「你一來就囂張……」

他們你一言我一語的把我罵了一頓，最後撂下一句話：「你的優惠活動要馬上停止！」他們反對我的理由除了怕我搶生意外，更想藉機教訓我，免得我日後亂來。而我認為這是一種促銷方法，所以離開會場後很快把他們的話當耳邊風，而且鐵下心要讓活動如期舉行；因為假使我順公會的意馬上撤掉優惠，立即損害我的商譽。我將變成一個剛開張就沒有信用的店家。

明亮時尚，吸引人潮

我回到店裡，積極投入開幕事宜。

DM的效果果然不錯，優惠活動在朴子當地也引起不小的震撼，整個鄉鎮好像動了起來。上門挑金飾的鄉親絡繹不絕，反應熱烈。

「蔡千足純金首飾」與眾不同的是，我們的銀樓佈置跳脫傳統窠臼，不用紅色的絨布擺設金飾，而是採取珠寶個別陳列方式，讓消費者可以欣賞每一件產品，刺激他們的購買欲。店裡的氣氛明亮，佈置時尚，格局具現代感。改變當時人把黃金當作一項保值商品的觀念。

「你這家店很特別！」

「很漂亮！」

「不像傳統的店……」

客人發出不同的讚美。

我說，我要讓黃金變成飾品，讓客人有佩戴的美感。如果沒有一個明亮時尚的空間不足以襯托金飾的特色，進而把它銷售出去。

不過，也有些客戶不敢進來，只在走廊上晃，四處張望，因為我的店跟他們所認識的珠寶店完全不一樣。有人竊竊私語：「裡面裝潢得那麼漂亮，賣的東西會不會很貴啊？」後來我主動邀請他們進來參觀，一一為他們介紹產品和價錢。他們聽了頗為滿意。

我的店的確是當時最漂亮的，這吸引很多原本到嘉義市買珠寶的消費者「回籠」。「原來朴子也有這麼棒的店！」甚至成為我的客戶了。

我很堅持新的店面擺設，也認為會是將來的流行趨勢。

中信局軋一腳，我意外出糗

就在「蔡千足純金首飾」成立幾年後，我從新聞裡看到鎮金店即將進攻台灣市場的消息。

很巧，他們的空間擺設跟格局設計概念，跟我的店十分相似。

鎮金店是港商，委託中信局在公賣局試賣。他們的黃金陳列在一個非常明亮、新穎的專櫃上，櫃台小姐非常專業。

一般銀樓店對鎮金店的新聞都抱持著「觀望」的態度，沒想到他們一天成交金額竟然可以高達新台幣幾百萬元，短短十個營業日約成交幾千萬元，賣得非常好，震撼了國內金飾業者。鎮金店評估，「台灣的純金首飾市場是香港的三倍」，並決定將香港的促銷手法，全部搬到台灣來；由那十幾天消費者搶購的情形，測出台灣消費者購買有設計品味金飾的渴望。

我看到這個報導中的產品拍得很漂亮。我一心想擴展事業，而我的產品也不差，中信局又是公家單位，既然可以幫外商賣產品，為什麼不能幫國內的廠商賣？我主動出擊，撥打一〇四，找到幫鎮金店賣金飾的負責人，她是中信局黃金科的科長謝淑英。我打了好多通電話才找到她。

她最先的態度是應付我，我不在意。我跟她說：「妳幫鎮金店賣產品喔？我們是很認真的金飾廠商，也有很漂亮的產品。是不是中信局也可以幫我們賣？」她當時很忙，隨口說：「我不知道你是怎樣的產品啊，你可不可以叫人拍照片寄給我看？」我二話不說，馬上把產品拿去拍。

其實我沒有這方面的經驗，一般黃金工廠的老闆通常是「校長兼撞鐘」。我看到一些公關稿的產品周圍都有花點綴，就拿一些以「結婚」為主題的相關黃金產品到照相館拍照。相館隔壁剛好是花店，我順便買一些「黃菊花」放在產品旁邊，自己感覺頗有情境。

照片寄出去後，對方一直沒有回音。

當時相片拍了不少，反正多拍了一些，我就發給銀樓店。有一天，銀樓店告訴我：「菊花是人死的時候才用的，你怎麼放在結婚喜氣的金飾上？人家為了製造情境通常是放玫瑰，你居然擺菊花，不太好吧！」我聽他這麼一說，非常尷尬。

我不知道對方一直沒給我回音跟照片拍得不恰當有沒有關係。不過，當時除了我要他們幫忙賣產品外，還有很多銀樓店抗議中信局「與民爭財」，而中信局的黃金科科長謝淑英後來被「鎮金店」挖去當總經理，這件事就不了了之。

對很多金飾界業者來說，也許鎮金店和中信局的合作只是台灣金飾轉型的分水嶺；對我來說，卻是激發我突破事業的關鍵。

勇於面對自己的難堪

我從中和回到嘉義後，朋友鼓勵我投入朴子地區的活動，趁機認識當地重要人物，以打通人脈。「要不要試著參加青商會？那是一個難得的機會喔！」我很快就答應了。

當天，我穿拖鞋、運動衫就去了。

那是一個理事會，每個人都穿正式服裝。青商會的主席致詞結束後，指著我說：「這位先生，麻煩你起立！請你自我介紹。」我以為自己是新人，所以必須先自我介紹。他在我講完後，臉色鐵青地說：「你的服裝不符合我們青商會的標準，請你回去更換正式服裝再來參加會議。」我很錯愕，當場愣了幾秒鐘，尷尬地離開。

「這麼不給面子？你一定很難堪，對不對？下次不要再去了。」回家後，太太安慰我。

「不，我要再去。我是一個可以被人家講的人，而且如果我有不對，一定改進。」

下一次，我服裝整齊地出現在青商會。四年後，我當上朴子青商會會長。

我在任內曾提倡「不上酒家運動」，獲得會員家人熱烈的支持；我還主辦過一個嘉義縣上萬人參與的園遊會，為育幼院的小朋友募到不少經費，實際幫助弱勢團體。我藉由活動磨練自己，並且成功的在眾人面前致詞，收穫良多。

青商會的訓練，成了我快速成為一個社會人和企業人的最佳管道。這在我人生旅途上，算得上轉捩點。

我常以這個例子告訴晚輩，如果當年我被主席請出去後覺得很丟臉，不再回來了，我就沒有勇氣面對自己的缺點和問題。「不要怕難堪，只有戰勝自己最弱的部分，才有機會成功。」

金飾產品大變身

黃顯贊有一份設計作品取名為「芳葉」，是一款兩片葉子的項鍊墜子，造型簡單，很有美感。這個產品一出爐，我就賣了上萬件，直到二〇〇六年都是單一產品銷售量最高的一款。

當我把重心轉移到珠寶店後，工廠部分就交給其他人負責。我找了兩個資深的師傅問：「你們願不願意繼續做？如果願意，那麼資金我出，你們兩個合夥做，等賺了錢我再慢慢的把資金抽出來；如果虧錢，我會負責。」我有「傳承」的想法。

這兩位師傅當場就答應了，我不知道他們是真答應，還是礙於我是老闆不好意思拒絕，總之，我確實將工作重心轉移到珠寶店。

沒多久，我阿爸在街上遇到其中一位師傅的媽媽。她說：「你兒子的工廠自己不能做嗎？如果不能做收起來就好啦，為什麼自己不做還要給底下的人做呢？」她的話像是我把燙手山芋丟出去一樣。「不是……不是啦，我兒子不是不能做，他是一片好心，這工廠是可以賺錢的……」

阿爸把這件事告訴我，我想會引起人家誤會，表示當初那兩位師傅答應得心不甘情不願，這種情況恐怕我得自己再進工廠經營才行。

於是我再把心思轉移到工廠。這時我更加努力，發誓一定要把工廠做得更好，否則就落人口實，說我是因為工廠不好才讓師傅去接。

繳八萬，加入「世界黃金協會」

有一天，我意外收到一封邀請函，是「世界黃金協會（WORLD GOLD COUNCIL, WGC）」寄來的。內容言簡意賅的表明該協會要來台灣做黃金推廣，計畫在北、中、南舉辦三場說明會，歡迎業界參加。

我接到邀請函後馬上打電話過去詢問。他們得知我的黃金製造背景後說，這一次的說明會將遴選三家黃金製造商（以及為數眾多的直營店）配合「世界黃金協會」的推廣活動，若超過三家將到各工廠評鑑再做最後定奪。首波活動是針對年輕人推出的「陽光手鍊」，不過條件是參加者必須繳八萬塊的保證金，當作日後的推廣費用。

我一心想跟銀樓店建立關係，所以毫不猶豫的參加了他們在高雄的說明會。

這三場說明會吸引了不少人參加。會中他們表示，「世界黃金協會」在一九九〇年就已經來台推廣，當時發現全台有四、五千家銀樓，但並未看到較具知名度的自有品牌，於是這一次他們打算拿一筆經費，聯合國內加工廠、銀樓，炒熱台灣的黃金市場，並藉廣告和行銷的「推廣」活動，改善黃金的款式和設計，使台灣製造商的業績能大幅成長。

在場的業者不太相信他們描繪的願景，也不認為會有這麼好的事，還有人譏笑說：「銀樓店又不是雜貨店。做廣告？笑死人了。」但當時我的思考角度不是如此，我只是希望藉機認識銀樓客戶，所以當場報名，並繳了八萬塊。

同業訝異的問：「你為什麼會想參加呢？你繳這八萬塊，難道不怕連八萬塊工資都做不到嗎？」

但因為我經歷了過去那一段想見銀樓老闆卻不得其門而入的窘境，在當時保守的銀樓業界，如果沒有關係、沒有熟門熟路，根本見不到老闆，更別說做生意了。我覺得花這八萬塊非常值得。就算這八萬塊虧了，我也無所謂。

但我沒想到，說明會結束後，我成了唯一繳費參加的黃金製造商。由於不如該協會預定有三家製造商的期待，因此世界黃金協會再找兩家加入，不過他們不是黃金工廠，一家是做金塊的，另一家做電鍍(算是飾品相關的外圍電鍍廠)；而參加的通路有二十七家，他們也繳了一筆錢。在黃金協會推廣期間，這二十七家通路日後必須進我們的貨。

時間是一九九三年，是我創業生涯非常關鍵的一年。

金飾廣告打動消費者

「黃金協會」的加入為台灣金飾產業打開一個新視野，迫使台灣的金飾走上「設計」一途，這項變化最高興的非設計師莫屬了。過去台灣是設計沙漠，銀樓賣的都是傳統款式，大同小異。雖有設計師，卻沒有設計市場。現在設計師的作品不但能見度增加，該協會也常辦設計比賽，我因此認識了當時頗具知名度的李小媛、呂政男、周立倫等設計師。

從此，我們做的黃金首飾開始擺脫過去的傳統款式，在「世界黃金協會」的協助下，我們的產品成功的從傳統首飾轉型為時尚款式。我們轉型成功有幾個原因：一、價錢合理，二、找對對象，三、款式新穎，四、目標正確。「世界黃金協會」藉由「廣告」即時抓住客戶群的心，深深的打動消費者，「蔡千足」也因為透過與設計師的合作而進入嶄新的境界。

由於經過設計和推廣效應，附加價值提高，銷售量突然變大。利潤高、客戶多，在市場上大受歡迎，迫使我的工廠從十個工人變成三十七個，其他工廠及銀樓店中盤商也看到當初加入的二十七家銀樓店因參與而得到好處，都擠破頭要加入「世界黃金協會」的推廣。

隔年，參加世界黃金協會推廣的銀樓店驟增到上百家，黃金製造業也增加一家。

我記得當時適逢母親節，我們做的別針樣式新穎，每天日以繼夜的趕工，很多銀樓店的老闆打烊後還特地開車到我工廠「排隊」拿貨，我印象很深的是台中頗負盛名的遠東珠寶也是其中之一。他們在百貨公司設有專櫃，盛況可見一斑。

「芳葉」狂賣，出乎意料

我感覺金飾「設計」的重要，希望能擁有自己的設計師，出產多樣風格的產品，於是透過「世界黃金協會」幫我找一些設計師。

其中一位是黃顯贊。

他長得胖胖的、黑黑的，沈默寡言；不過，點子和設計都不錯。

他有一份設計作品取名為「芳葉」，是一款兩片葉子的項鍊墜子，造型簡單，很有美感。這個產品一出爐，我就賣了上萬件，直到二〇〇六年都是單一產品銷售量最高的一款。

由於「芳葉」狂賣，其他店家開始仿冒，仿冒「芳葉」的店家賣了二十多萬件，我後來到大陸都還看得到仿冒的「芳葉」在金飾市場狂賣，但我這擁有「設計」權的老闆卻對「仿冒」一點辦法都沒有。

因為設計師的產品無法獲得著作權保障。譬如寫書，作者的文章受到著作權法的保障，作詞作曲的音樂家所製作的聲音都可受到著作權法的保護，這是「平面」的保障；設計師畫出來的圖是平面的，這部分受到保障，但依平面設計圖製作出來的金飾是「立體的」，由於「平面不等於立體」，所以根本不受著作權的保障（平面等於立體的只有建築物跟雕塑受到著作權保障），所以我們花錢請設計師創作出來的產品如果被別的店家仿冒，我們未必能告贏，這對願意花錢請設計師的我來說，損害非常大。因為我們的設計師可能畫了一百張圖才有兩張成功的造型；但仿冒的店家根本不用支付成本，只用現成的兩張設計圖加以重新製作即可；我打了一百個版子，別人只要打兩個版子就可以賣，甚至連打版都免了，只要直接拿去複製即可，所以我非常吃虧。

直到後來金飾業尊重設計品牌的聲音逐漸抬頭，仿冒才走下坡；但卻是好幾年以後的事了。

尊重設計，成立「開發設計部」

過去我跟設計師的合作都採part time，後來我想如果要在這一行繼續走下去，必須要有自己的班底才行，於是我決定成立「開發設計部」。我問以前幫我設計的設計師願不願擔任產品部的經理，後來黃顯贊同意，我就全權交給他負責。

有了「產品開發部」後，我發現過去的通路有問題。因為經由產品開發部做出來的產品都屬於「時尚」的，而我過去的通路都在傳統銀樓，與產品的風格不符；在還沒找到適合擺設的百貨專櫃前，這是一段傳統和時尚衝突的「過渡期」。

在這段「過渡期」，我們強化了「行銷」概念，就是透過「媒體推廣」，讓懂得時尚的年輕族群知道銀樓在賣流行而有品牌的金飾產品。我的行銷從這兒開始展開，包括電視ＣＦ、平面廣告等等。

銀樓店在這段過渡期也悄悄起了變化。過去銀樓店的擺設都很傳統，不管是門面、裝潢，都是「祖母級」的，以大紅的絨布當襯底，再打出單調的電燈炮，缺少設計美感。後來少部分的銀樓感覺到流行趨勢的壓力，在裝潢和陳列上也走時尚路線；迎合年輕消費族群，整修門面是吸引他們的第一步。

我們在世界黃金協會的穿針引線下，都邁開自己事業重要的一步。

原則要堅持，不能動搖

我每一年都會跟經銷商進行「年度招商」，就是訂出一個原則，大家出一筆錢，當作該年度的活動推廣費。

招商過程，最難的地方就是「堅持原則」。

我在南部某個縣有四個經銷商，其中一家生意做得很大。這位負責人跟我說：「那三家你不要讓他參加招商，你在我們這個縣要多少業績告訴我，我給你做出來。」因為他想獨佔整個市場。

其實這個人跟我是很好的朋友。我回他：「這種事我做不到，那三家店雖小，但也支持我的產品，我怎麼可能背叛？如果我答應你的要求，以後在業界別人會怎麼看我？」由於我的態度很堅持，他一氣之下就退出了。

我很感慨，小的店以前很怕別人欺負它，壯大以後反而欺負別人。這是我在商場很看不慣的。

有個店家，背後是由一個團體所組成，希望我收他們的價錢低一點，否則他們就不參加招商。我告訴他們，如果降價，那麼對所有的人我都降價。「如果你拿一個團體來壓我，我就如你的意，那對於守規矩的或者沒有加入團體的店家怎麼辦？」

這家店的老闆也是我多年的好朋友，居然為了這件事壞了我們的友誼，我雖然覺得可惜，但還是必須堅持原則，因為我不能屈就於別人的恐嚇或強權而背棄原有的店家，我不會因為眼前的利益而犧牲別人，這是我的原則。

我還有一個朋友，他是十幾個品牌的經銷商，每一家他所付的招商費都非常少，幾乎都是半價，只有對我，他繳全價，因為他第一次跟我講價沒效，第二次講也沒效，第三次他不講了，直接繳全價，因為他知道我的原則在哪裡！

如果不堅持原則，也許短時間可以大賺一筆，但長時間對信譽是很大的傷害，因為這些事一定都會流出去。

堅持很重要，這可確保你講的話不容許打折。

我的原則是訂一個標準，一視同仁。我不進行私下交易，不會因為誰關係跟我好或者誰比較會談價就佔便宜；這是我做事的原則和底線，和我做黃金堅持「四個九」的堅持一樣堅持。

成立「今生金飾」

如果鎮金店可以把賣場做得漂漂亮亮、金飾擺得整齊高雅、服務人員專業又親切，我們為什麼不能？

自從加入「世界黃金協會」之後，我公司的業績呈現大幅度的成長，有時業績量成長高達三十倍，最高紀錄超過一千萬，這是「黃金協會」辦活動的月份所創下的新紀錄。「蔡千足」逐漸在銀樓店享有品牌和分量。

「鎮金店」的刺激與考驗

事實上，台灣純金飾品的市場遠景十分看好。國外一些知名純金首飾品牌看準這一點，趁機打進台灣市場，「鎮金店」的進駐就使得台灣金飾業面臨外籍兵團大軍壓境的嚴酷考驗。

他們挾著鮮明的品牌形象，走廣告路線，採取連鎖經營，在人潮聚集處（如百貨公司）設立據點，行銷手法新穎，款式獨具風格。鎮金店擺在氣氛頗佳的環境中贏得消費者的認同和青睞。

鎮金店帶給我很多啟發。

如果鎮金店可以做得這麼好，我們為什麼不能？他們可以把賣場做得漂漂亮亮、金飾擺得整齊高雅、服務人員專業又親切，我們為什麼不能？

我一直思考這個問題，我覺得這是台灣本身的問題，也提供給我另一個經營模式的參考。其實我自己也有設計感不錯的產品，只是台灣傳統的銀樓店經營得比較保守，即使金飾再好，都因為缺乏好的陳列空間，而無法將漂亮的黃金賣出去。我深深感覺，台灣銀樓店可以嘗試時尚而新穎的空間，這應該是未來的趨勢。

於是我決定在桃園開一間現代化的「示範店」給銀樓業者看，時間是一九九四年。

為了突顯「示範店」的時尚感，我找了視覺、CI設計師，區隔舊的黃金市場和流行商品，強調金飾與服飾搭配也可以很時尚，希望藉此扭轉銀樓店的傳統形象。

「示範店」的擺設的確吸引不少年輕人進來，打破過去銀樓店只有中年婦女進出的慣例。只要客人進來，不管他們購買意願如何，我們的銷售員都樂意跟客人介紹產品。

「示範店」的另一個構想是成立「設計師專櫃」，提供設計師們一些創作空間，為他們搭起產品發表舞台。

我把這個構想告訴他們，這些設計師都非常有興趣。由於規劃的「設計師專區」空間不大，初步定調為單件產品發表專區。

我一開始就展示六個「櫥櫃」，這六個設計師隨時都可以調整，如果某個設計師這個月沒有作品，可以讓給其他設計師陳列，包括項鍊、耳環、墜子……應有盡有。

這些設計師的想法和創意很多。有一次，他們跟我說，「示範店」推銷出去後，應該為這個店找到一個定位，「要取個名字才對！」於是大家腦力激盪，最後決定用「今生今世」的諧音命名為「今生金飾」，用意就如同它的名字一般，要與消費者相約「今生今世」，意即提供消費者一份永世不變的品牌承諾，就如同黃金內蘊的恆久價值一般，歷久彌新。

「今生金飾」成立前的波折

「今生金飾」開幕當天，我廣發邀請卡，邀請相關通路參觀。如果他們覺得可行，我也可以無條件讓他們使用硬體設備和陳列方式。

觀摩時，當場有兩家銀樓店老闆覺得我的構想不錯。其中一人提議，「我們可以一起把這個品牌做起來。」

我也覺得可行，但與其一個人的力量做，不如集合其他人的力量一起做。

第一次開股東籌備會時只有我、板橋良和銀樓的鄭老闆、台南慶大的林老闆三個股東。會後，我們這些銀樓店的老闆開始密切往來，互相交換經營理念。後來他們又再找幾位合夥人，之後加入的有金長山、瑞山、楊源美，我們六家志同道合的老闆決定成立「今生金飾」後，由我當召集人，共同募集資金。大家希望一起打造一個黃金事業。

不過，成立「今生金飾」的過程中我們遇到一些阻礙，那就是台灣很多銀樓店都是父母遺留下來的，要這些股東放棄原來的店而改成一家新穎的店，恐怕得承受難以想像的壓力，他們不敢做，也不敢嘗試改變。因為，怕做不好被認為「敗家子」，擔心改變之後比以前更糟，但又擔心在「品牌」即將成為未來的趨勢下，失去先機。

我們經過一番討論，最後採取折衷的作法，就是大夥決定保留原有的祖傳銀樓店，另外拿出私房錢投資，這麼一來，他們除了保有自己的事業，也嘗試未來可能對的路，雙頭並進。

「今生金飾」成立後，桃園的示範店也隨之宣告結束。「今生金飾」成立第一個「股份有限公司」時，選的地點是在台北的「遠東企業」。同時也在遠企開了第一個百貨櫃，佔地約十二坪，開幕時打出三天只收黃金費、免工資的行銷方式，活動期間吸引了幾千人光顧，櫃位被擠爆，百貨公司還出動保全維持現場秩序。

我們花了兩個小時在櫃位上擺的貨，開放一個小時就賣光，只好再把人擋在外面繼續擺貨，算是成功打開知名度的一場行銷活動。

我們六位股東都是傳統經營者，對經營品牌沒經驗，對行銷推廣等專業事務也不懂，後來我們決定找「專業經理人」負責，希望藉由他們的專業能力創造更高的利潤。

做人處事，從小事看起

有一次「世界黃金協會」有一場推廣活動，我急需大筆資金，於是跟幾個朋友開口，沒想到他們居然都答應；這每一筆錢都是幾百萬，而且不需要擔保或借據。我問他們為什麼這麼大方，原來是我以前所累積的信用讓他們願意伸出援手。

其中一位銀樓店朋友說，有一次貨款是五十萬，他們匯了兩次五十萬。公司會計發現了，告訴我這事。我交代同事馬上通知對方，並把多匯給我們的五十萬退還。這事讓他們很感動。

還有一位當兵的朋友說，我剛創業時曾跟他借五十萬，說好是三個月還，但我一個月就還了。「從來沒有看到你有錢不還，或者欠錢還有奢華享受的時候。」他們一次安心、兩次安心、三次安心……以後在我需要時就很放心借錢給我；因為我信用好，不會賴帳。

我還有一個二、三十年的朋友也是客戶。他說，平常我做事有原則、不貪小便宜，連小事都非常在乎自己的信用。「我知道你視『信譽』如命，我都觀察你三十年了。」

其實這些都是小事，我在做這些事時，從來不知道有一天會成為別人評價我的關鍵。但這種小事不斷累積，對方對我的信任也不斷上升，日後可能變成巨大的標記。

其實在生意往來中，大事較少，大部分都是小事，但別人對你的評價卻是由小事累積起來的。不要小看小事，小事最能打動人心，影響也最大。一旦你遇到困難，他們因此伸出援手，你就過關了。

遠赴廈門尋找人才

我是第一個從台灣到廈門賣黃金珠寶的店家，居然可以打破當地市場慣例，產品賣得比別人貴卻比別人好，而且廈門的平均業績比台灣還高呢。

「今生金飾」交給專業經理人運作之後，我們這些股東各自回到自己的工作崗位上工作。我在台北成立的「產品開發部」這幾年栽培了不少蠟雕工作人員和打版師傅，但我遇到一個問題，那就是「跳槽」情況很嚴重。

由於當時金飾珠寶界在設計人才方面求才孔急，但他們不願意花錢培養人才，只好用最簡單的方式——挖角，我的部門便成為別家的跳板。設計師最多待不到兩年，一學會「設計、蠟雕、打版」這些基本技術就跳槽了。眼見辛苦培育出來的技術人員最後帶著我們的專業跳槽到別家，我很遺憾，覺得有必要想個釜底抽薪的辦法。

與「鼓浪嶼藝術學院」建教合作

我開始思考在大陸設立一個「蠟雕」工作室的可能性，也就是把台灣設計模型的形狀，拿到大陸做蠟雕的模型，再拿回台灣做模。

當我提出到大陸尋找人才的想法時，很多台商告訴我，他們有在大陸被騙的經驗，投資有各種陷阱，還有不容易解決的「稅率」問題……聽起來，的確令人畏懼。

不過，我在大陸成立「開發部」只是培育人才，根本不做生意，那些問題對我來說應該不是問題。

至於地點，我選擇離台灣最近的廈門。

雖然廈門是二、三線城市，但都市建設、環境美化都做得不錯，消費能力也不差，整體建設與台中頗為類似。我在當地找到一所「鼓浪嶼藝術學院」，我前往該校找他們的老師說明來意，並實際參觀美術系學生上課的情形，以了解學生的興趣。

「我希望找一些懂得『雕塑』的人才。」

「這是件好事。」

於是校方直接帶我到教室看學生的作品。

「鼓浪嶼藝術學院」的美術系並沒有蠟雕課程，但有「泥塑」，這是與蠟雕最接近的課，只是泥塑較大件，蠟雕比較小。我參觀時特別注意學生泥塑的「造型」，看他們如何捏成立體圖形，他們捏出的線條的美感將可當作我是否能與該校建教合作的標準。我認為如果「泥塑」做得好，蠟雕應該也不錯，因為造型能力好、美的概念足夠，教技巧就容易了。

結果他們的作品令我非常滿意，剩下的只是泥雕和蠟雕之間的技巧問題而已。

走出教室外，我們彼此交換一些觀念和看法，最後我跟美術系的老師提出「建教合作」的構想，他們表示樂觀其成。「您來得巧，剛好再過幾個月就有一批學生畢業了。」原來「鼓浪嶼藝術學院」前兩年在學校上美術課，後兩年是實習，我當年剛好遇到他們結束兩年美術課找實習單位的時候。「我們很樂意幫學生的未來找出路。這真是個好消息。」接著我們談建教合作的細節，幾乎一拍即合。這群大學生對我提供的場地和技術很滿意，對環境完全不挑剔。

曾有同業質疑我的決定太突然了，其實不然。我敢大膽做這些決議是因為在與「鼓浪嶼藝術學院」合作之前，我到廈門考察好幾次，充分了解當地狀況，算是對廈門文化有相當程度的了解。

他們實習結束後，我在畢業生中找了十幾個適合人選當作主要班底，再對外徵人，如願在廈門成立「開發部」，並請台灣產品開發部的經理黃顯贊到廈門教他們蠟雕，直到廈門工作室成熟了，上軌道為止。

在廈門做蠟雕算是新興行業，雖然廈門地區一直有珠寶店，但沒經過「設計」，所以當地沒有珠寶設計人才，因此蠟雕對學生來說是新的技術，他們非常珍惜。我私下曾開玩笑說，即使學好了也無法跳槽，因為這裡沒有第二家，跑也跑不掉，但我鼓勵他們，珠寶的產品開發設計前景看好。將來如果市場有這需求的話，前途不可限量。

有人說這群學生很幸運，的確，因為不但環境好，我開出來的薪水也比別人高。

鎖定目標對象，生意在穩定中成長

我原本沒打算在大陸做生意的，後來大陸開放台灣人在當地申請黃金營業執照，我看到了大陸廣大的市場，認為這是一個機會，可以試著開金飾店。這時，之前朋友對我的忠告再次浮現腦海。我跟當地的人接觸之後發現，台商描繪大陸的情況有些是「誇大不實」的，有些已經改善，這讓我放心不少。

我在廈門開珠寶店之前，先做好市場分析。我的目標對象鎖定三個族群，也就是我的產品賣給以下這三個族群：一是小資女人(大陸用語，是「小資本主義的女人」的簡稱，也就是有事業的女強人，一個月的收入大約有一、兩萬塊人民幣者)；二是台灣所謂八大行業的女人；三是當地消費能力很強的貴婦。我鎖定這三大族群後還進一步調查這三大族群究竟有多少人，市場需求量夠不夠大。

答案是小資女人超過一萬五千人，八大行業也差不多，貴婦約五、六千人，正確的目標對象大約四萬人。而廈門大約有兩百多萬人(本地四十幾萬，其餘為外來人口)，我的目標是一家店只要有兩千個客人光顧就能達到預定目標，而且我的產品都是不二價，完全不打折。

不過在廈門的同業馬上潑我冷水。「你的產品在這裡一定賣不出去。」因為廈門的珠寶行情是六八折，此外對於我的價格偏貴，他也不看好。

但我不認同他的看法，因為「打折」的作法在台灣已經「演進」過了，很多店家都是以提高價錢再打折的方式賣產品，消費者在這方面的經驗很豐富，所以我相信他們很聰明，即使沒打折，他們也不會介意。

第一家店開張後，客戶的反應跟我的預計差不多。不過，初期因為沒打折的關係，的確生意比較難做。不少消費者問：「為什麼別人都打折，你們不打折？」我告訴他們，我們的產品貨真價實，所以就不打折了。

我認為當地消費者接受我們的產品，是因為他們發現我們賣的黃金多了「設計」上的「附加價值」，因為我們應用一些材質讓產品設計變得時尚，這是他們樂意多花點錢的原因。所以過一陣子，他們也都接受不打折的價錢了。

我慢慢累積客戶，隔年的五月再開第二家店，再隔四個月開了第三家店。換言之，一整年開了三家店(一家門市、兩家百貨公司的專櫃)。

不只是賣黃金

我賣的產品主要是純金和K金，價錢都比台灣貴百分之四十。有人曾疑惑，廈門平均所得比台灣還低，這種價格有市場嗎？我告訴那些提出質疑的人。「其實我的生意很好。」我賣的不只是黃金，還有飾品，兼具流行、創意和設計。

當初認為我賣不出去的同業非常驚訝，因為我是第一個從台灣到廈門賣黃金珠寶的店家，居然可以打破當地市場慣例，產品賣得比別人貴卻比別人好，而且廈門的平均業績比台灣還高呢。他覺得自己錯估情勢，反而是我這外來人比他更了解廈門。

我在廈門的事業曾引起一些台商的好奇。他們問我是怎麼做到的。我說，我事前做好精心的規劃和市場調查。有人以另一個角度解讀成「廈門是個消費能力很強的城市」，但我自認為是精準抓住「消費目標對象」的關係。我強調，「我只鎖定三大族群。我的目標對象很清楚，成功機率當然比較高。」

解決問題要找到根源

我每個月會去廈門一、兩次，我到百貨公司的專櫃時常常看到他們找電工，原來這裡三不五時就跳電，修也修不好。我說：「那可能是沒有找到真正的原因，如果查到最根本的問題，應該不會跳電。」

我跟他們一起找原因，原來專櫃的變壓器是350瓦，350瓦的變壓器只能用250瓦的電，不能到飽和；但我們店裡是350瓦的電卻用了350瓦的變壓器，結果超負荷了。

我算燈數和瓦數，在原先的燈數之間再安插一個變壓器，果然解決跳電的問題了。

我再舉一個例子，如果我們的業績不好，很多人怪罪於產品，我就會提出疑問，是不是產品的問題解決了業績就會好？我會進一步問他們有沒有做好客戶的管理，跟客戶介紹產品時專業知識是否足夠，銷售技巧是不是很好？是不是應該找出業績不好的原因，而不是單挑產品的問題來討論。只要找出問題解決問題了，業績自然會好起來。要不然我只是看到表面的問題，表面的問題解決了，還是於事無補啊！因為沒有找到真正的問題。我在思考問題時會去找到源頭，這道理跟人生的道理是一樣的，只有解決最根本的問題，才能處理未來可能發生的問題。如果只解決表面的問題，以後問題還是會一直重複出現。

照片提供／聯合報

流星對戒在「流星花園Ⅱ」裡的置入性行銷，成功地打響「今生金飾」，並開啓品牌與偶像劇合作的風氣。（2002年）

◀ 流星花園對戒

「今生金飾」與命理專家黃友輔合推招財、除厄、防小人的尾戒，單月銷售業績長紅。（2002年）

由黑人所代言的「今生金飾」，充滿年輕又浪漫的氣息。（2007年）

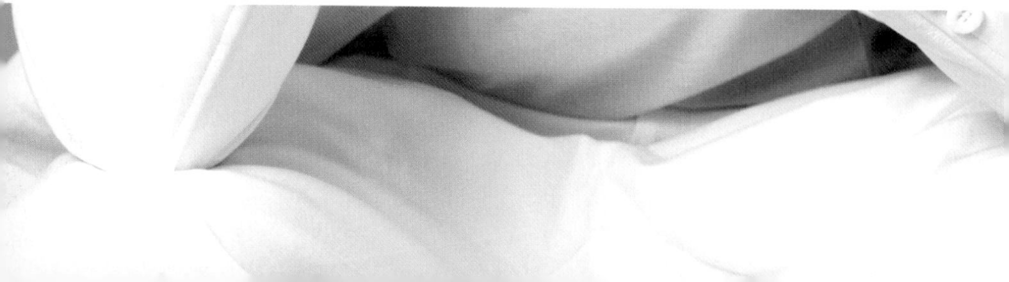

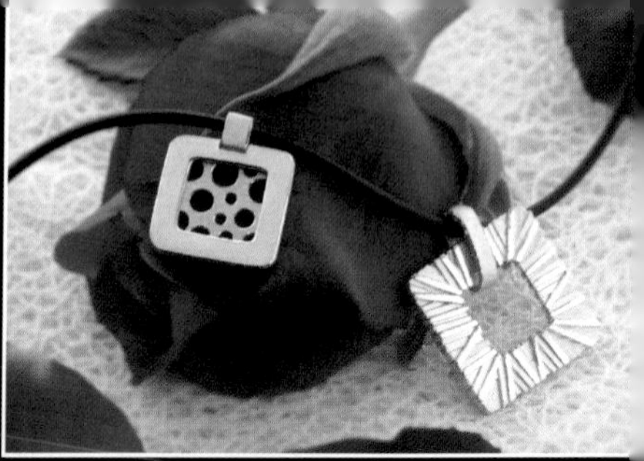

▲ 情人節商品

繼伍佰之後，「今生金飾」邀請陳小春代言。
在廣告中，陳小春少了點酷，多了溫柔與浪漫。（2004年

▼ 情人節橫布旗

愛妳
今生今世
送情人今生金飾約定系列
給她最美麗的愛情約定
BMG歌手 陳小春
心動推薦
●買本季新品，即贈陳小春「今生今世」單曲CD一張，送完為止。
今生金飾

「今生金飾」連續兩年由高人氣的蔡依林代言，
期待吸引更多年輕消費者。（2005年）

▲ Jolin限量銀飾

爲搶攻年輕人消費市場，「今生金飾」推出Jolin限量銀飾。（2006年）

在滿是女性代言人的金飾市場中，「今生金飾」逆勢操作，
請伍佰當代言人，深獲好評。（2003年）

一向大受好評的尾戒，再度邀請命理專家黃友輔代言。（2007年）

不輕易開加盟店

我來廈門最驕傲的不是開了一家台商的金飾店，而是有超過一百多個來自大陸各省的店家認同我的品牌，要求我開加盟店，或者有人要拿代理權到其他店賣，更多人對我說：「這麼漂亮的東西只放在廈門賣，太可惜了吧！」

我在廈門行銷的方式是與當地電視台合作。我在開第一家店時，馬上找到介紹「時尚」的「商務直通車」節目。

置入行銷，打響知名度

我跟他們洽談時說：「你們在節目中介紹我們的『金飾』，我們也願意幫你們想一些消費者有興趣的相關題材。你們覺得如何？」

我們的提案讓對方十分心動，這對電視台來說簡直一舉數得，一來，原本要找題材並不容易，我們提供的資訊剛好彌補他們的不足，舉例來說，我們可以介紹「洗首飾的方法」、「首飾如何搭配衣服」、「K金現在有什麼款式」；而且可以配合節令作節目，例如「情人節該如何選購禮物」；二來，我們跟他們搭配還付費。他們有錢可賺，何樂不為？

在他們希望該節目時段不要太廣告化的原則下，我們也設計一些橋段，賦予「情節」，達到介紹首飾卻又不商業化的效果。

「商務直通車」節目固定每週五播出，每次四分鐘，重播三次，等於每個禮拜有十六分鐘介紹我們的產品，而一個月才一萬塊人民幣，該節目以我的店「麗緻時尚珠寶」冠名播出。這節目收視率高達三，表示廈門有六萬人口收看。

我與電視台合作的計畫在廈門算是「創舉」，而之前認為我不打折無法在廈門立足的同業也跟進，不但仿冒我的產品，也模仿我的行銷策略。

不過，我開第一家店就投入高額廣告費的作法，引起不少人的質疑。「你只是開一家店而已，就花這麼多錢，划得來嗎？」我是看長期的，用意是讓我的店長期在電視台曝光，以電視的「置入行銷」方式強化我的品牌形象，同時也讓消費者知道這品牌在百貨公司有專櫃，隨時可以在那裡購買……所以和電視台合作的節目結束前，我都要求他們到我的店面拍一些景，以加深消費者的印象。

不輕易開放加盟

我到廈門開店跟鎮金店到台灣一樣，引起當地業界的注意，連反應都相似：怎麼賣得比別人貴？但鎮金店因此而受影響嗎？沒有，同樣的道理，我在廈門不但沒受影響，反應比預期還好。

我來廈門最驕傲的不是開了一家台商的金飾店，而是有超過一百多個來自大陸各省的店家認同我的品牌，要求我開放加盟，或者有人要拿代理權到其他店賣，更多人對我說：「這麼漂亮的東西只放在廈門賣，太可惜了吧！」

聽到這些讚美，我的確曾經心動，但不到幾秒鐘就消失。因為我知道時機尚未成熟，在台灣「今生金飾」沒做加盟也是這個原因。

我跟他們說，如果我有信心做到讓加盟店賺錢，我才會開放加盟，否則，我是不會做的；相反的，如果我沒有萬全的準備就開放加盟，豈不是害了你們？我婉轉的說：「如果我準備好了，就會通知大家。」

我做以上解釋時，一心想加盟者質疑我。「什麼才叫做『準備好了』？是產品來不及製作嗎？」

不只產品來不及做，更重要的是還沒有一套完整的計畫，包括人才培育、建立制度、管理辦法……這些在執行時都需要同時具備，同時貫徹，否則，即使產品再好，但人才、制度、管理上出了問題，還是會失敗。一旦失敗，花再多錢都買不回來。

我看過很多加盟失敗的例子就是因為「管理制度」上出了問題，但很多人對「制度」的概念很模糊，我舉些例子。

一個加盟店的裝潢和陳列都有一定的組合。以7-Eleven來說，店裡的飲料一定擺在最後面，因為飲料賣得最好，這用意是希望把客人拉到最裡面，出來時有機會看到其他商品；又如他們算好多少坪的店裝多少燈光，這也是固定的，所以7-Eleven給人的亮度是一樣的。他們開店的作業流程都有標準，而這些標準也變成明確的規範。

但是，如果有店家認為既然飲料賣得最好，硬要把它放在最前面；或者有店家最近生意不好不想浪費金錢而少開兩、三盞電燈……就會讓7-Eleven的店破壞原先設定的一致性。如果你沒有辦法控制品質，就會變成有的店的飲料放前面，有的放後面；有的店是亮的，有的店是暗的……這些凌亂的現象，都會影響7-Eleven的品牌形象。

7-Eleven之所以擬定規範要加盟店遵守是因為給他們基本保證——不會虧錢。這是7-Eleven整套完整的制度之一。

很多想加入「今生金飾」的加盟者不一定了解「制度」的重要性。一看到別人的生意做得好，就想一頭栽進去，甚至把一生的積蓄都投資在上面，到最後血本無歸，這是他遇到一個「不負責任」的加盟廠商的結果。

我把這些觀念告訴那些急於加盟的人。人才的培育、加盟制度的建立和完善的管理辦法，這些必備條件都沒有那麼快就做得好。如果漠視制度，一味只想爭取加盟費，這就是不負責任的行為。如果公司的制度不夠完善也留不住好的人才，很多加盟都沒有考慮這些條件就做加盟連鎖，結果都很慘。我之所以謹慎是因為我看到太多失敗的經驗；更確定自己不能做「害人害己」的事。

加盟與被加盟者，是共體

加盟店成功與否，主事者的態度很重要。

台灣的加盟情況一直是一窩蜂，只要有一個連鎖店成功，其他加盟店立刻跟進，結果很快的一個個應聲倒地。很多連鎖店失敗的原因是經營者抱著「欺騙」的態度，例如他們有了店名之後就開始做「加盟」，這表示經營者不想顧品牌只想賺加盟金而已。當加盟金收足了，根本不管加盟店後續的營業狀況或者經營得下去與否；說穿了，他們只是想賺加盟費而已，像市面上有很多早餐和飲料加盟店就是如此，開張沒多久，消費者還來不及認識，很快又消失了。

我知道大陸有很多中產階級都是慢慢儲蓄才存到一筆錢，有一筆錢之後他們想做生意當老闆，但又不知道該做什麼生意，所以「加盟」對他們來說是最佳途徑。但很多人加入的加盟店，其實背後的經營者都不是負責任的，把他們的積蓄賺走之後，留下的是痛苦的加盟者，辛苦多年的積蓄也付諸流水，所以有人自殺了，釀成不少悲劇。

我在大陸看過很多這樣的例子，我於心不忍，所以我必須不厭其煩的告訴那些催促我開放的加盟者說：「我必須累積自己的實力和能量，當累積到足以開加盟店時，我保證可以讓你賺錢。當我有信心讓你賺錢時，我才讓你加盟。」

如果我做，一定給大家「保證毛利率」，保證加盟者可以賺錢或者即使虧錢，也在可以忍受的範圍之內。如果加盟者和被加盟者之間的「利害關係」沒有取得一個平衡點，這樣的加盟模式注定要失敗，即使成功也是短暫的。

他們聽了我的解釋後，有人說：「嗯，台灣人在唱高調！」但我聽到更多的聲音是感激的。他們認同我負責任的態度。

你的願望，有沒有包括我？

有一天我回嘉義老家，無意中聽到地方電台播放的一場演講，主題跟「管理」有關。主講人問觀眾新年有沒有新願望？要大家寫下來。有人希望明年能開勞斯萊斯，有人希望升官，有人希望出國旅遊……主講人說，他之前的演講也說同樣的題目，其中一位觀眾把願望拿回去給太太看，沒想到她看了很生氣，向他抗議說：「為什麼你的願望沒有我？」

原來，太太覺得夫妻是一體的。「如果你的願望沒有包括我，我跟你在一起算什麼？」

我聽到這一段，心裡突然響起一個聲音。「那你呢？公司的願望可有包括員工？」每個老闆在新年度都有新願望，希望營業額增加多少、業績達到什麼數字……等等，「但，這些願望可是員工的願望？」

隔天我到公司開會時，就把這個故事說出來。「你們的願望是什麼？請寫下來讓我知道好嗎？我希望公司的願景，能包括你們的願景。這麼一來，相信大家對公司一定更有向心力，你們一定也會覺得自己在這家公司很有前途。」

其實，老闆很像火車頭，火車要啟動一定得拉著後面像員工的列車，才能「前進」。如果老闆只是一個人向前衝，員工只是觀望。老闆帶不動員工，這家公司就沒有希望，就不能發揮功能了。

「沸舞金」的教訓

我帶著廣告稿和兩位同事，站在麥當勞前面做市調。「請問，這兩個廣告，你覺得哪一個比較好？」

儘管我在廈門做出點成績，但並沒有忽略台灣市場。

我注意到一件事，那就是「今生金飾」和「鎮金店」鎖定的消費群都在二十五歲到三十五歲之間，但十八歲到二十五歲這一塊沒人經營。我覺得「蔡千足」應該把握機會，開發這塊處女地，締造業績。於是我委託市調公司做民調，以了解什麼款式、什麼特色、什麼「品牌名稱」，這個年齡層最能接受。

調查結果發現，這群消費者並不認為金飾是最時髦、最炫的飾品。他們最常佩戴的是銀飾，而且喜歡「搭配組合」。如果想打動他們，款式一定要有前所未有的「酷勁」和「變化」

才行。

我大致了解他們的想法之後，找一家廣告公司討論，列舉幾個名稱為即將產生的品牌命名，最後以「廢五金」為諧音的「沸舞金」雀屏中選。會議中並決定以全新的結構和創意，賦予「沸舞金」DIY的特色；意即消費者可以自組零件成自己喜歡的配飾，創造個性化的金飾風格。

市調結果，變化多端組取勝

DIY的點子源自於SWATCH手錶。當時的SWATCH可以換三種顏色的錶帶，我們的構想是消費者花同樣的錢，何不給他們多一點的選擇？而且DIY風潮已蔚為時尚，席捲各大消費市場，如IKEA家具、組裝電腦，都因強調自己動手、展現個人風格，而讓年輕消費者趨之若鶩，所以「沸舞金」也搭上DIY熱，希望以個性化搶攻年輕消費市場——這是金飾界的一項「突破」。

我們針對「沸舞金」開發七個系列產品，但不知道該主打哪個系。廣告公司建議，「如果想了解你的目標對象要什麼，需要數據，最好的方法就是做『市場調查』。」

市場調查有兩種，一種是量的，用於調查一種現象，例如台北市長選舉民調，以台北市的人口數計算，一千一百份就夠了。另一種是質的，透過溝通，深入了解民眾心裡的想法；我們需要做的市調屬於後者。

這份質的市調一共進行七場，每場六到八人，時間持續好幾個小時。

市調結果發現，變化多端的B系列獲得最多消費者青睞。這系列是將金飾品分為鑲件、配飾及基座三部分，以獨家專利螺絲結構拴轉的方式，將三部分自由組合，同時也推出六款鑲件及四十多種配飾，可組成不同的項鍊、手鍊、鍊墜、耳環、戒指及別針……等，讓消費者藉重組產生不同變化的款式，源源不絕地組成符合自己風格的商品……我們算過，這樣的組合可以轉換成一千一百六十五種款式。

對消費者來說，可以用DIY換來換去且組合最多種變化的系列當然是最好的。所以我可以理解市調的結果。

但老實說，市調選出來的B系列和我心裡想推出的A系列有差距。我之所以選擇A系列是因為樣式簡單、變化少、易於推廣。由於我肩負產品行銷責任，因此在選擇上，已經考慮到後續通路的問題，下意識把推廣可能遇到阻礙的B系列主動排除。但對消費者不然，他們不會了解行銷產品的困難，這就是誤差。

無論如何，我當初願意做市調，就會尊重市調結果，因此如期推出變化多端的B系列產品。

金飾怎麼組合，由消費者決定

我們投入很多廣告主打「沸舞金」B系列，強調任何配飾、鑲件都可以隨意組合在基座上，可以戴在手上、穿在耳上、秀在脖子下，自由變換主墜，簡簡單單的造型可以千變萬化。此外，我們定每月的五日為「新款發表日」，將固定推出三至五款樣式，不斷吸引年輕消費者變化出上千種的組合設計——這是「沸舞金的魔力」。

消費者對我們推出的廣告反應非常好，「沸舞金」也被熱烈討論。

由於「沸舞金」系列急於爭取年輕族群，在廣告上，都偏向「超炫」的年輕人靠攏，甚至用麻辣的語言爭取他們的認同，所以在這密集推出的廣告中，曾經引起爭議。

當時廣告公司做出兩個廣告，我們只打算推出其中一個，但哪一個好，我們也想聽聽消費者的意見。由於我們的目標對象是十八到二十五歲的年齡層，而麥當勞聚集最多這一族群的人，於是我帶著廣告稿和兩位同事，站在麥當勞前面做市調。

「請問，這兩個廣告，你覺得哪一個比較好？」

一個是清新的、中規中矩的；另一個比較ㄅㄧㄤˋ，上面寫著：「阿嬤可以『金閃閃』上街，美眉為什麼不行？」我們請的廣告代言人是徐懷鈺，旁邊一行字是：「金鈺良言，穿金戴鈺的時候到了，Y世代請金光閃閃逛。」代言的徐懷鈺比出「中指」手勢，意思是，「戒指為什麼只能戴在無名指、小指。為什麼不能戴在中指上？」其實關於「中指」這個問題，我曾擔心有負面的影響，但也覺得應該試試。

我們一一詢問在麥當勞前來來往往的年輕人，結果很ㄅㄧㄤˋ的這個廣告受到很大的迴響，他們不但不排斥，而且覺得很新鮮。我們返回辦公室討論，決定從善如流，啟用這個讓年輕世代都覺得很ㄅㄧㄤˋ的畫面。

廣告播出後，家長和老師的反應一如我當初的擔憂。他們批評得很厲害，說我做了社會最壞的示範。

不過也有廣告界的朋友拿這廣告當行銷教材。安慰我，「廣告就是要讓很多人討論嘛！」也許就廣告角度，可以正面解讀。

選擇越多，麻煩越大

「沸舞金系列」初期很成功地打進年輕人市場。

我們做市場調查時發現，受訪的十八歲到二十五歲這一群人平常只逛百貨公司，居然沒有一個人會到銀樓店買東西；因為傳統銀樓店的老闆給人「沒買不行」的感覺，儘管銀樓店的門始終開著，但他們不敢進去；即使進去，也是跟著媽媽去。在這麼「困難」的情況下，他們因為「沸舞金」廣告而走進銀樓店，幫助銀樓業者開發出年輕族群。對金飾製造商及銀樓業者，這種擴展是好的發展。

正式推出「沸舞金」系列後，我在行銷通路方面，並沒有讓每個經銷商都販賣，而是採「區域保障」名額，選擇全省「年輕消費族群商圈」的六十個銷售點。

但「沸舞金」的螺絲經常出問題，因為「沸舞金」強調「組合」，螺絲很重要。我要求做螺絲的工廠做六十份「工具」，讓每一家銀樓都有一套工具可以幫客戶修理螺絲，我就帶著這六十份工具到全台六十個經銷商，教導他們在客戶組合零件出現問題時該怎麼修理。我一個星期馬不停蹄，跑遍六十家銀樓，親自輔導他們。那個月我足足瘦了五公斤。

不過，「沸舞金系列」在市場推出一段時間後，效果並不好。銀樓業比喻為「叫好不叫座」。

主要原因是，組合多種變化造成的困擾。

譬如店家賣其他飾品只要五分鐘就成交，但賣「沸舞金」卻可能半小時都賣不出去；因為客人會要求「試戴」。由於「沸舞金」有太多選擇，「試戴」時，消費者和店家討論的過程就浪費不少時間。例如戒指好看，但配戴項鍊不好看，換過另一組試試，改由另一個戒指搭配另一條項鍊，「這樣好看嗎？」店裡常出現消費者陷入「長考」的情形，他們不是不喜歡變化，如果有兩、三種款式，可以考慮一下，一旦出現「變化多端」的產品，出現上百種搭配時，消費者「試戴」時間拖長，銷售員也失去耐心，最慘的是大部分的年輕人最後想一想。「算了，不買了」，而店家也火了，乾脆也不賣了。

「沸舞金」幾乎出不了銀樓店，銷售情況可想而知。

我得到一個結論，「當你給消費者越多選擇時，他們反而不知道自己要什麼。」

「沸舞金系列」發展到此，關鍵問題全都浮現：產品本身太麻煩，通路又不賣，而我的產品又必須經過通路，這些問題注定「沸舞金系列」失敗的命運。

刻骨銘心的失敗

失敗的過程中，我的感受最深，因為我投入很大的廣告量，第一年就虧一千多萬，還讓銀樓店退了一些貨——我視為「血淋淋」的教訓。

因為我策略錯誤導致「沸舞金系列」失敗，這個責任我應該扛起來，所以對於店家，我也願意做出交代。

由於做「沸舞金系列」時，銀樓店願意和我們一起推廣，已付我四萬塊推廣費，我打算用它做一整年四波的推廣活動。我做第一波活動之後，明顯嗅出前景不樂觀。我的壓力很大，信心也已下滑，如果我不即刻喊停而繼續做下去，可能賠上我好不容易建立起來的「信譽」，將來我在業界也很難生存。於是我把剩下三波的推廣費退還給銀樓店，並附上一封信，大致說明推廣失敗的原因，也為這次沒有準備周全而道歉。如果將來我準備好了，會回來與大家合作。

店家接受我的道歉，也認為我適時止血是對的，不過，有朋友視「沸舞金系列」為我創業生涯的重大挫折。

不過，我覺得成功和失敗的經驗都非常重要，尤其這過程中我的付出遠比其他的經歷還要令人刻骨銘心。

原本我有意讓「沸舞金」東山再起的，但這時候，「今生金飾」的機會來了。

主動道歉不是示弱的表現

很多人印象裡，先道歉的都是做錯事的人，其實不然。

有一次我跟客戶談事情，會議中我們發生嚴重的言語衝突。雙方你來我往，一陣激辯，對方還衝著我說了重話。我很尷尬，現場氣氛很糟。我一氣之下掉頭走人。

但我出去之後想了一下，我覺得這爭執並不是對錯問題，只是立場不同而已。我很擔心因此壞了彼此多年的合作關係，於是主動打電話給他們表達歉意。

我說：「我是一個不善於溝通的人，才會發生剛剛的事。我們找個時間一起吃飯，我請客。大家忘記不愉快，一起把事情做好。」他們一聽受寵若驚，心想，怎麼會是我主動道歉呢？

後來我請大家吃涮涮鍋，為了化解之前的不愉快，我主動挾牛肉給大家，包括當天跟我起正面爭執的小姐。用餐氣氛很融洽，此後我們也不再有芥蒂。

一年後我才從別人那兒知道，那位小姐不吃牛肉的。據說當時我挾牛肉給她時，有同事想跟我示意，卻被她阻擋下來；原來她被我主動化解爭議的誠意感動了，所以破例以吃牛肉回報我。

由這件事我更肯定「主動道歉不是示弱的表現」，先道歉也不失身分；更何況，「就算我是對的，先跟人家道歉又怎樣呢？」重要的是，我藉著道歉達到凝聚大家工作的向心力，這一點就非常值得了。

「今生金飾」起死回生

大哥好意的警告我：「你這決定，好嗎？要不要再考慮看看？要是『今生金飾』沒做好，很有可能連你自己的『蔡千足』都沒有了喔。」

我在「今生金飾」的身分是監察人，這是股東們賦予我的責任，所以我在台灣的時間除了經營自己的「蔡千足」之外，一個禮拜會到「今生金飾」兩、三天，關心營運狀況。

六年虧損七、八千萬

「今生金飾」交由專業經理人全權負責後，股東們很少過問。不過實際的營運狀況並不好，第一年就虧了兩千多萬。

股東們的想法是，投資一家新事業第一年難免虧損，我們預估第三年就應該可以賺錢了，而這位專業經理人做到第三年卻年年虧損。

我們問專業經理人，「大概虧多久可以轉虧為盈？」他無法給我們一個正確的答案。「今生金飾」的資金被卡死，庫存也無法處理，整個公司的經營幾乎轉不動，股東們擔心這些錢虧完之後還要再拿錢出來，後來我們召開股東會議，決議從原公司再找一個不錯的同事擔任專業經理人。

第二任專業經理人最大的長處就是把虧損減少了，但也沒有找到獲利方式。他上任第三年的母親節前夕，下了重藥，花了一些廣告費企圖挽救頹勢，創造更高的業績；不過那一次的活動不理想，甚至比前一年差，他的信心隨之崩盤。於是提出辭呈以示負責。

在兩任專業經理人的帶領下，六年內，「今生金飾」虧了七、八千萬。我原本冀望專業經理人能為「今生金飾」帶來「錢景」與「前景」的，但事與願違。

我覺得一家公司的成功或失敗跟用對人、用錯人有絕對關係；但這不代表找專業經理人是錯誤的決策。

我承認找專業經理人的方向出了問題。

當初找人時，我覺得「行銷」最重要，所以找來行銷與企劃的專業人才，後來卻發現，一個經營者必須「全方位」了解公司業務，包括財務、產品、人事、管理……更重要的是懂得「獲利」方式，找出企業生存的「活路」。

背水一戰

我跟股東誠實報告現況。他們一聽，直說在看不到未來的情況下，無法預測還要虧損多久。「乾脆收起來吧！」這是止血的一種方式。

我也從善如流，試圖尋找買家。但買家開出來的條件非常差，若以賤價販售我們的心血，我心裡萬般不捨。「今生金飾」像我的孩子，我不願看到自己一手建立的品牌就此結束。

我思考一陣子後跟股東們說：「既然找不到買家，乾脆讓我進公司看看，要是能經營的話，我願意進公司當專業經理人，想辦法讓它起死回生。」

股東們對我的提議很訝異，卻沒反對。「好吧，就讓你進去試試吧！」

其實，我提出這建議時心裡沒太大的把握。我大哥聽了也很憂慮，他好意的警告我：「你這決定，好嗎？要不要再考慮看看？要是『今生金飾』沒做好，很有可能連你自己的『蔡千足』都沒有了喔。」因為「蔡千足」有三塊市場，一塊是蔡千足本身，一塊是銀樓店，一塊是家樂福量販店。其中我太太可以輔助我經營蔡千足，但這部分佔我營業額的比例不高；其他兩塊大都是我全心經營的，如果我把重心移到「今生金飾」，這兩塊市場可能萎縮，甚至被別人取代。

我大哥的分析是很有道理的。

不過面對虧損，我內心極度自責，因為是我錯估情勢，才害得信任我的股東們差一點血本無歸，我覺得自己應該負起責任。

我幾經長考，決定先把自己的事業託給太太。為「今生金飾」做最後的努力。

嘗試改變，增加營利

我進「今生金飾」之後做了幾個動作。

首先，我算出所有產品的毛利率，結果發現有些產品的毛利率低於成本，我就把毛利率提高；此外，我們平均一年要虧八百萬，有部分產品賣一件虧一件，於是我把沒獲利的商品砍掉，再將八百萬除以十二，得到答案是平均一個月虧不到七十萬。我認為這不算嚴重，可以再加把勁。

其次，我根據公司的固定支出，算出每年營業額得達一千六百五十萬才能打平，等於現有的十一個點，每個點每個月要有一百五十萬的營業額才行。我接著把達不到一百五十萬的百貨店淘汰，再增加有一百五十萬業績的櫃點，以達到損益平衡。不過這部分無法馬上辦到，因為百貨公司一年中只有三月、九月才有移動的櫃點可以談，要馬上找到增加一百五十萬的百貨點並不容易。

由於我急於讓公司獲利，如果不能增加營業額就要增加毛利率，於是我一方面找百貨點，一方面想辦法增加毛利率，讓今生金飾的虧損變少——我想到賣「鑽石」首飾，因為鑽石的毛利率高。

我先選擇西門町的一家直營店測試，因為這家店平時人潮就多，是可以測出市場「溫度」的店。如果嘗試成功，我將「複製」經驗推廣到全省，進行鑽石品項的經營。

西門町直營店原本只賣黃金，現在增加鑽石，所以我稍微修改店裡的裝潢和陳列，讓它呈現獨特高雅的氣氛。

第一個月業績算下來，成績並不理想；第二個月平淡無奇。過一段時間後我發現，該店不但業績沒增加反而下滑。

我探究原因，發現「銷售員」的專業不足。因為賣鑽石和賣黃金是兩種不同的領域。我們雖然對「銷售員」進行教育訓練，但她們仍不熟練，甚至部分的消費者比銷售小姐還專業。再者，賣鑽石要慢慢的跟客人磨，客人可能要看兩次或三次才能成交，但賣黃金也許二十分鐘就結束了。此外，消費者認為賣鑽石不是「今生金飾」的專業，如果他們想買鑽石不會到「今生金飾」的店家買；這就好比在咖啡店賣烏龍茶，給人的感覺不夠專業一樣。

我踢到了鐵板。如果我硬把鑽石加在黃金的店賣，難度過高，即使我再怎麼努力都無法挽回劣勢。

我很務實，馬上收手。

「店中櫃」失敗，期待「強而有力」方案

我選擇西門町做測試時，其實腦海已經預備失敗後要做的下一個步驟了。因為我無法等這一方案失敗後再思考下一方案。我通常思考這一類事情時，腦海經常有好幾種解決方案正在組織進行。換言之，我在尋找出路時心裡也盤算其他出路，而西門町的直營店只是排在第一順位而已。我的第二順位在第一順位進行時，同時在醞釀中。

所以在第一順位的計畫失敗之後，我馬上推出下一個醞釀多時的「店中櫃」方案。

「店中櫃」的構想源於早期小百貨行設的化妝品櫃台(像資生堂)，這一類的專櫃大概佔地只有三坪，後面擺著大型廣告看版，前面是放產品的櫃台。由於這類專櫃的擺設不同於小百貨行，感覺很突出，也很醒目，自然而然的吸引逛百貨行的消費者上前購買其產品。經過長期的累積，這產品也打開知名度，樹立自己的品牌。

我想做的是這種「店中櫃」的實驗。作法就是在銀樓店裡增設一個有「今生金飾」形象的專櫃。我還是採取最安全的作法——先找「一家」試試。

這回我找到位在板橋的股東的銀樓店，我先請這家店做「坪效」評估，也就是把原先這位

置賣黃金的「坪效」算出來，再把放「今生金飾」之後的「坪效」也算出來，再評估兩者效益。

結果，原先這位置一個月可以做十萬業績的，改放「今生金飾」後，一個月做不到兩萬塊，表示「今生金飾」的產品在這家店不但沒有效益，反而讓銀樓店吃虧。就店家的立場，他為什麼要空出一個位置給你賣「今生金飾」的產品？我很快決定不做。

綜合店家的意見和我的觀察，歸類幾個失敗的原因：第一、「今生金飾」的知名度不夠；第二、客人的喜好度偏低；第三、價格太高。站在消費者的立場，他們沒有動力花錢買這些產品。

前面幾個方法都失敗之後，我推出腦海裡構思的下一個方案——集合全省的銀樓店一起招商。這方法跟「世界黃金協會」的推銷方法一樣，就是把「今生金飾」的品牌跟所有的銀樓店一起打廣告。

但要馬上增加通路，讓「今生金飾」的產品在更多的地方曝光，非得找到一個非常強的案子合作才行。

專業經理人，是管理趨勢

我找股東合資「今生金飾」時發生一段小插曲。由於我們決定找「專業經理人」經營，並放手讓他做。有個原本打算出資的朋友認為不妥，最後退出了。「我們出錢讓別人當老闆，卻不能過問公司的事，這樣好嗎？」

我們用專業經理人的目的是取代股東們的不足，既然找專業經理人就該信任他，但不代表股東沒有權力管。股東的權益在股東會議上，例如一年定兩次或三次開股東會，讓總經理(專業經理人)報告營運狀況。如果股東對專業經理人有質疑，可以在會議上做出決議，提出不適任投票予以否定；否則在平常是不應該干預的。

公司用專業經理人是趨勢。專業經理人做得好，股東們可以安心；經營不好，就下台。但在台灣，很多公司不太能接受「專業經理人」的觀念。

老實說，銀樓界不太有企業模式，這跟大部分銀樓是「家族企業」有關，這也是金飾界不能壯大的關鍵。

一般企業找人是登報徵才，尋找適才適所的人。但家族企業比較不敢從外面吸取人才，不管家族成員的素質如何，這家店就硬塞給下一代經營，一代傳一代。下一代如果不是內行人，有能力、有經驗的人就會離開，公司就慢慢的凋零。

如果我要交棒，我不會把事業交給自己的兒子，除非他的能力比別人強；如果硬要他接棒，豈不害了公司？我最希望把公司交給有能力的人做，如果我能找到一匹千里馬，那麼他得到了一個舞台，我也順勢退休，公司就可以永續經營了。

從傳統工廠到時尚公司的障礙

一位「今生金飾」的員工把原傳真還給我。還對我說：「這個工作應該是你做的，不是我做的。」一副很瞧不起人的樣子。我一聽，傻眼了。我的心情很沈痛，感覺自己被欺負了。

公司除了業務之外，還隱藏著潛在的人事問題。

我進入「今生金飾」時只帶一位「特別助理」進來，他是我成立「蔡千足」應聘「行銷人員」時意外的發現。當時我特別重視應徵者在「管理」和「財務」這兩方面的經歷，因為這兩項是我的弱點，而他曾待過「企管」和「財務」顧問公司。我一看到這份履歷表，如獲至寶，特地跟他懇談。「你被錄取了，不過你的工作不是做『行銷人員』，而是做我的『特別助理』。希望你能在制度和財務方面給我一些建議，彌補我的不足。」

我帶著「特別助理」想融入「今生金飾」四十幾個員工的大團體。

然而，過程並不順利。

舊員工反彈，等領遣散費

他們看我應該是一個「土老闆」吧！我的學歷不高、長得也土、身材瘦小、滿口台灣國語……連電腦都不會操作呢！

他們多半認為這家公司虧損六、七年後，應該經營不下去了，所以抱著領「遣散費」的心情工作。他們心裡也一定在想：「這個土老闆懂什麼？說學歷沒學歷，說專業沒專業，怎麼可能經營品牌？我們怎麼可能對他有信心？」辦公室一直流傳著「結束營業」的耳語。

但我一進公司就告訴大家。「我會繼續經營下去」，可惜沒多少人相信。公司的員工一直張望。「怎麼還不收起來？什麼時候發遣散費？」

面對一群等著領遣散費的員工，他們的工作態度可想而知。

有一天，我收到一份傳真，內容是說這家百貨公司有個特賣會，問「今生金飾」要賣什麼產品、多少價錢……業者希望我們能在一週內提出活動企畫案。

我剛接手，根本不知道該怎麼做。我想，以前都是某個職員做的。我就把他叫到辦公室，把那份傳真拿給他看。我問他：「這份企劃案一個禮拜之內可以完成吧？」他沒吭聲，就把傳真拿走了。

一個禮拜後，他把原傳真還給我。「這個工作應該是你做的，不是我做的。」一副很瞧不起人的樣子。

我一聽，傻眼了。

這分明是來修理我的！但我沒說他，收回傳真，自己找以前的資料、參考過去文件，埋頭苦幹，加快腳步把它完成。我的心情很沈痛，感覺自己被欺負了。

老實說，我沒有預期會遇到這些問題。我覺得自己雖土、學歷不高，但起碼是個老闆。老闆講話，員工起碼要聽吧！

嚴格說來，公司分兩種員工，一部分員工是直接反抗我，另一些人是「老闆講，我聽；但做不做，是我的事。」

我感覺公司沒有一個人服我。

辦公室氣氛很糟，感覺整個公司在空轉。

我定下心告訴自己，不要介意他的態度。過去種種譬如昨日死，今日種種譬如今日生，我的心情在隔天都該歸零。即便那位讓我很難堪的同事，我對他的態度仍然跟對其他人一樣好。可惜他已經麻木了，總是擺著一副「我就是這副德行，怎樣？你看不慣就把我辭了吧。至少拿點遣散費也甘願！」但我說過，我不會把這家公司關掉。

我試著用「真誠」改變他們，試著用開會的方式跟他們講一些道理。這時的他們有些有反應，會點頭稱是；有些完全沒反應，彷彿我對著空氣說話似的。

我的管理能力很弱，我逐漸看出自己的問題，而且我不知道自己這麼嚴重。

從工廠到公司，管理大不同

我進「今生金飾」之前，工作經驗都在工廠，員工做得好不好、有沒有生產力，我一清二楚，即使我只是穿著短褲和拖鞋，同事對我的「敬畏」油然而生，即使我不吭聲，他們都會努力工作，沒有人敢反駁我；因為我的專業在那兒，所以說話很權威，甚至閉著眼睛都可以把工廠管理得很好，而且還可以賺錢。

但進入「今生金飾」簡直是走進另一個世界。公司每個層級我都不了解，員工的學歷都比我高，這裡的管理必須很民主，即使我完全沒有擺老闆的架子，也沒有人理我。我完全帶不動他們，因為我的專業沒他們強。這種自卑讓我失去信心，所以面對他們時也失去主管的強勢作為。例如，我想提醒某同事上班應該保持積極的工作態度，我把他叫進辦公室，原本想糾正他的缺點，但為了怕傷他的自尊心，我先安慰他，但說來說去卻變成讚美他，到最後這位同事搞不清楚我叫他進來到底想講什麼。

我朋友曾在「管理」上給我具體的意見。他說：「管理最重要的是『明確』，明白的告訴對方問題出在哪裡。如果要兼顧對方的自尊，可採用『人前鼓勵，人後檢討』的方法；在別人面前鼓勵他好的部分，私下再明確點出缺點。最怕的是『模糊』空間，一旦用『點到為止』的方式或說法模稜兩可，都會變成隔靴搔癢。」

從另一個角度來說，如果員工犯錯當主管的不告訴他，可能阻礙他的成長。這樣不但害了他，也害了公司，造成雙輸的局面。

這些道理我都清楚，但常常我心裡想講的話無法表達出來，這是我在管理上的障礙。從傳統產業的老闆「跳躍」到流行趨勢的老闆，的確讓我感覺格格不入。

我想逃避這一切，例如找個人替我處理管理上的問題，但後來問題都還是回到我身上。我的腦筋有時候也是空的，像平常走路，走著走著，卻不知道走到哪去了，沒有靈魂。我壓力很大，每天像行屍走肉。

扛一個扛不起的責任，卻得勇於面對

我很清楚，即使人事的問題暫時無法解決，但如果公司能做出點業績，還可以贏得尊重，可惜我還沒找到營利方式，業績也沒起色。那時每個月虧損還是上百萬，我晚上睡不著，白天吃不好。我記得有一次同事到我辦公室，都說「好冷好冷」，因為冷氣強。但我因為全神貫注去思考每個月的虧損，對溫度完全失去了感覺。

我覺得我在扛一個我扛不起的責任。我每天要面對的和我心裡想的，是矛盾的、衝突的。

例如，我是負責人，理應代表公司表達立場、與客戶交際應酬，但我本身卻是一個羞怯而內向的人。我不懂得溝通，卻要跟大家講話；我不善於表達卻要設法影響大家；就好像我不會電腦卻在電腦化公司上班一樣，顯得格格不入。

但我必須要在這兩種不同的角色下把事情做好。

每個階段有每個階段的障礙，有時候我突破不了難關，我會縮回去，但接著是我對自己的一陣譏笑：「啊，原來你就只能這樣！既然你不能做，就縮回去做師傅吧，這裡不適合你！」但我心裡有另一個聲音在抗命：「你不能失敗啊，你如果一旦遇到挫折就縮回去，那麼就永遠與成功絕緣。」

其實我在遇到困難時，常會不自主的複製另一個我。他在旁邊，像個旁觀者，看著我怎麼做。那個我有時是悲觀的、無助的，也許是能力不足，也許是外界壓力，常會躲在辦公室掉眼淚；那個我有時是樂觀的，充滿著對命運永不妥協的鬥志，不斷為我加油打氣。「今生金飾的招牌掛上去，不要輕易拔下來啊！」鼓勵我勇敢走下去。悲觀的我和樂觀的我在心裡競賽，而常常是樂觀的我靠著堅強的意志力擊敗悲觀的我，於是我又繼續往前走。

言。

英文，聽得霧煞煞

我的路，都是一層一層的障礙，一關一關的挑戰，包括辦公室陌生的氛圍，例如溝通的語言。

以前我在工廠幾乎講台語，絕少說國語。這裡不但說國語，甚至夾雜著英文，我對周圍充滿英文的環境很不適應；像簡單的maybe，我是聽了好久好久、比對前後文好多次才猜對中文意思；他們平常掛在嘴邊的promote、marketing、sales、AD、PR……我都聽得「霧煞煞」。

辦公室幾乎每個同事都有英文名字，以前工廠哪有人叫英文名字的，都沒有。我想入境隨俗，跟他們一樣也叫英文名字，但我的發音不標準，我知道他們想笑卻沒公開笑出聲音來。

讓我尷尬的是，有一次跟廣告公司的人一起開會。有個小姐叫Judy，我乍聽之下以為她的中文名字叫「姿蒂」，就叫她「姿蒂」，大夥笑翻了，後來「姿蒂」意外成為Judy的綽號。

此外，還有我一竅不通的「電腦」。

從完全不懂電腦，到可以教人

進「今生金飾」之前我沒碰過電腦，對電腦原理完全不懂，但我一進公司就是電腦化作業，連我最關心的財務報表也非打開電腦檔案不可。要弄懂這流行的高科技對當時已經四十三歲，才國中畢業的我來說，非常困難。但我又非得弄懂不可，否則無法趕上公司的腳步。

「今生金飾」有個股東懂電腦，他願意當我的啟蒙老師，教我一點。辦公室還有一個兼職的工程師，也教我一點。我靠這「兩點」僅有的基礎出發，其餘的就得自己摸索。

我剛開始操作時由於不熟悉電腦操作常常導致當機，而我的兩位「老師」也不常在辦公室，這情勢逼得我不得不自己來。我在很短的時間內先把電腦所有的零件搞懂，然後試著重灌。

重灌時會遇到一堆英文。英文一直是我的罩門，我連二十六個英文字母的大小寫還不清楚呢！不過遇到「電腦」和「英文」的雙重障礙時，我最後決定用「死背」的方式強記，例如在DOS的環境中，每進入一個電腦畫面該點哪一行英文字，我都抄下來，執行結束後該點哪個英文字確認我也記下來。每一個操作步驟有不懂的地方就問，常常深夜都還在弄電腦。

有一次我找不出電腦的問題，直接打電話給那個股東，他很生氣又很無奈的說：「你瘋啦，你知道現在幾點嗎？」我看看手錶，兩點多了。「這麼晚還在摸？」但我發誓一定要把它弄清楚不可，時間對我來說根本不是問題。他被我吵醒了，不得不告訴我處理方法，我解決問題後繼續操作。我花了好長一段時間終於完成了重灌。那種喜悅，筆墨難以形容。

從那時候起，我就沈浸在電腦領域裡，逐漸從摸索中找到樂趣，得到成就感。

我在辦公室有桌上型電腦，另外也買了一部手提電腦，回家繼續搞懂。

不過我打電腦的習慣跟一般人很不一樣，我不用鍵盤，因為我不會打字；幸運的是，我學電腦時已是兩千年，XP已經問世，XP本身有「寫」的功能，所以我可以不靠鍵盤而直接以拿滑鼠寫的方式代替鍵盤的輸入，這對不會打字的我真是一大福音。

學會電腦，省時省錢

另外，促使我學會電腦的動力是省錢。當老闆的人都想省錢，像利用MSN、SKYPE和視訊等。透過電腦可以省下不少國內、外的電話費，尤其是透過MSN跟廈門工作室聯繫圖檔，甚至可以一邊看一邊討論。值得一提的是，我在辦公室是第二個使用MSN的人，幾個月後他們才跟進。

我學會了電腦之後，我的電腦程度不亞於其他同事，而且辦公室的年輕人有什麼對電腦不懂的問題，我還有能力幫他們解決呢！

學會電腦帶給我一些成就感，讓我做事有了一點信心。

你的專業是幫客人解決問題，不是吐槽他們

有一天，公司舉辦業務人員講習，會中邀請一位股東列席。他問：「當你拿產品到銀樓店跟客戶講解時，如果他們的理解是錯的，你會怎麼做？」大家的反應很一致，「直接告訴他啊！」他說：「對，可以這麼做。但是，千萬不要跟他辯論，不要硬說他不對，因為當你跟客戶爭辯時，即使你辯贏了，客戶會覺得你很厲害嗎？不會，他一定覺得很沒面子，對你也很反感，因為這是感覺問題。」

他接著給大家一個觀念：「請記得，你的專業是在幫助客戶解決問題，不是用來吐槽他們的。」

我一聽，猶如當頭棒喝，因為我過去犯過這樣的錯。由於我是工廠出身的學徒，比銀樓店的老闆懂得多，當他們說錯話時，我常當面糾正他們，「你這樣不對啦，不是這樣……」

聽完那場講習後，我到銀樓店如果發現老闆對產品有錯誤的認知時，我就改為互相研究的方式把我的意見表達出來，而不談對錯的問題。我發現這樣做，銀樓店老闆反而更能接受我的建議，進而解決他們的問題。

在一般的價值觀裡，吐槽別人的人，好像高人一等；我也發現有些有成就的人，常會藉吐槽別人突顯自己的厲害。但我的感覺是，吐槽別人的人，常是因為缺乏自信，反而會被別人看輕。

Part3

本土品牌出頭天

▲ 流星對戒與「流星花園II」的合作，是一場成功的置入性行銷。

▶「今生金飾」兩度榮獲「讀者文摘非常品牌金牌獎。右為讀者文摘大中華區廣告總監李美玲。

「流星花園Ⅱ」來敲門

當「流星花園Ⅱ」決定延到耶誕節播出時，我們慘了，因為後面跟著一堆與銀樓合作的銷售案，而戲中推出的「流星對戒」將在我們合作的銀樓中販賣。這原本在我看來極有可能燃起一線生機的案子，就要胎死腹中了。

某一天，就在公司業務沒有進展之際，「滾石」的專案經理黃茵突然找我。我以前做「沸舞金」時曾找滾石的徐懷鈺代言，跟她有交情。

「流星花園Ⅱ」力邀，做置入性行銷

她說，柴智屏製作的「流星花園Ⅱ」想做一對戒指的置入性行銷。「你有沒有興趣？」

我知道「置入行銷」的用意在於結合情境製造品牌的說服力，悄悄地向觀眾傳遞產品訊息，以增加消費者對產品或品牌的偏好，甚至創造銷售業績。如果「置入」的東西沒有情感，跟劇情毫無關係，只是借產品佩戴，這種「置入」性方案不會成功。

於是我希望先看「流星花園II」的劇本。

劇情中的「流星戒指」第一集就出現。內容是描述男主角道明寺受到花澤類「祕密信函」的啟發，買下杉菜在希臘市集看中的一只「流星戒指」。這對戒指放在一個「專屬」的盒子裡，不論戒指或盒子都很有特色。道明寺準備在巴塞隆納近郊一座有著幸福傳說的教堂向她求婚。不料，途中卻發生一場意外，出車禍的道明寺失去記憶，無故失蹤，留下杉菜在教堂前苦苦等候。隨著時間流逝，故事從此高潮迭起，最後的結局也是靠「流星戒指」喚起他過去的回憶。這對戒指貫穿整齣戲，成了男女主角最重要的連繫。

而片頭是穿著白裙的大S和F4並排坐在草地上，天空出現了道明寺準備送給杉菜的那枚「流星戒指」，在這枚戒指的牽引下出現了「流星花園II」的閃光字樣。片頭的作法，加重戒指在劇情的分量，也增加曝光次數，符合我對「置入性行銷」的概念。

之前我一直在找「很強」的案子跟銀樓店合作，但苦無機會；「流星花園II」也許是個機會。

我回黃茵說：「好。我試試看！」

播出日從七夕，改到耶誕節

決定與「流星花園Ⅱ」合作後，我們的設計師也設計出一款配合劇情的「復古造型」的「流星對戒」。

這齣戲原本跟我們達成的協議是七夕播出的。對銀樓業者來說，七夕是黃金旺季，業者也希望藉機創下高峰；更何況，「流星花園」在當時創下非常高的收視率，F4也因此走紅，他們的代言廣告更達頂峰，而且「流星花園」很吸引十八歲到二十五歲的年輕人，觀眾一旦投入劇情那唯美浪漫的愛情故事裡，在不知不覺中就喜愛這個代表愛情的戒指，甚至期望擁有它。

「今生金飾」在銀樓店的定位是賣給十八歲到二十五歲的族群，正是我們的目標對象，所以「流星花園Ⅱ」的合作案我們公司跟銀樓業都非常期待。

不過，傳播界很多狀況不在我們預料之中。我們定下七夕播出後不久，他們卻認為檔期有問題，決定延到耶誕節播出。

這下我們可慘了，因為後面跟著一堆與銀樓合作的銷售案，而戲中推出的「流星對戒」將在我們合作的銀樓中販賣。

這在我看來極有可能燃起一線生機的案子，就要胎死腹中了。

似乎一切回到原點。

上一〇四，尋找新血

我的心情很差。

公司生意沒有起色，被寄予希望的「流星花園II」又延後播出，成敗未卜。我每天從白天忙到深更，夜宿辦公室，日復一日。

我覺得公司必須注入一些活水，再找一些「行銷企劃」和「業務人員」才是。我上一〇四人力網站找人，其中一位「馬瑞謙」讓我眼睛為之一亮。

他應該就是我在「世界黃金協會」認識的一位通路人才，我們都叫他Wilson，過去有過不少業務往來。我對他的印象很好，他當初離開「世界黃金協會」時，我和另一個製造商還曾跟他一起吃過飯……我當下就撥他留的電話，果然是Wilson。他願意當晚過來聊聊。

那天晚上下雨，七點多，他到了，但找不到正確位置。我只好下樓接他。

我一路引他進辦公室。我不知道Wilson看到我的那一刻是什麼感覺，當下他所看到的情景是：晚上七點，但辦公室空盪盪的，只留下一盞燈陪著挑燈夜戰的總經理——我已經不是他以前認識的那麼意氣風發了。

「這邊是業務部，那邊是會計。我的辦公室在這兒，到裡面來聊……」我大概跟他介紹公司的環境。

「我來這兒接掌公司一年多了，但現狀不好，目前虧錢。百貨部的經理剛離職，人事不穩，內部的人力分散。」我知道我的誠實可能嚇退他，但我打從心底把他當朋友。我也告訴他，我剛進來時只帶著一位特別助理，他不久前也離開，而前兩個月才應徵的一位企劃，正在熟悉環境中。

「我現在需要人幫忙！但這行業若不是熟手，恐怕不能馬上進入狀況。」Wilson邊聽邊點頭說他了解。

「我現在沒有什麼核心幹部，對於未來也沒有很大的把握；但我想拚一拚，不知道你願不願意加入，大家一起打拚，看看能不能做起來？」

他聽完我的介紹後，接著也說了這幾年自己的際遇。他離開「世界黃金協會」後曾和高中同學共同創業，做了一陣子的糕餅業，對他來說不算「正職」……我感覺得出他對「金飾」一業界仍念念不忘，我也提出公司未來的願景，例如，「將來這家公司如果賺錢，員工可以分紅；如果將來經營狀況進入軌道，我願意提供一個『舞台』，看你願不願意上台表演？」

Wilson幾乎沒多加考慮就說：「好。我進來做做看！」他這麼爽快答應，我真的很感動，也很感激他在我最需要的時候伸出援手。

有Wilson的加入，我的心情稍稍篤定，因為他過去是通路大將。「流星花園II」的延期案，他願意處理，也自信能做好。我當場約他明天到公司上班。

流星花園Ⅱ，有圓滿的結局

我們辦公室內勤工作人員只有十人，算是小規模，沒人知道我應徵了Wilson，所以當他隔天準時九點報到時，辦公室的同事只是倒一杯茶請他等我。「蔡先生還沒來上班，你坐一下吧！」

我實在太累了，也沒想到Wilson九點準時報到。十點多一點，當我打開辦公室的門，睡眼惺忪、無精打采的走出去時，Wilson看到我嚇了一跳。「啊！原來你昨天沒回家，就睡在公司裡？」沒錯，他看到我穿著跟昨天一模一樣的衣服更確定這一點；我猜他當下更明白我在公司的處境，也看到了一個自己上一〇四人力銀行找人、晚上睡公司而同事毫不知情的孤獨的總經理。

我跟Wilson揮一揮手，請他給我一點時間梳洗。他很體貼的回說：「不急，不急。慢慢來！」

那是一個清新的早晨，牆上的日曆顯示著：二〇〇二年七月一日。

我梳洗完畢跟Wilson討論的第一件事就是因為「流星花園Ⅱ」必須延檔期的事。

由於當初做「流星花園II」時，我向銀樓店「招商」，收了一些「行銷推廣費」。一般來說，這廣告費可以從日後的銷售量中賺回來，所以銀樓業界會從合作案和檔期評估是否願意付這費用，現在檔期出了問題，銀樓業可以決定退費或者接受「流星花園II」延後的檔期播出。

我跟Wilson討論的結果是，一定要給銀樓店一個交代，道歉是最起碼的動作，所以他進公司的第一件事就是舉辦北中南三場的「道歉說明會」。

他顯然心裡有了腹案，跟我說：「我們可以很誠懇的告訴銀樓店三個方案，第一、如果願意，到耶誕節一起播出；第二、如果不願意，我們可以馬上把費用退還，第三、如果希望耶誕節參加，但你希望這筆錢先拿回去，我們也願意先退錢。」他說可以製作一份POWER POINT，在說明會時說給銀樓店聽。「而且我會告訴銀樓，現在不播沒什麼不好，因為十二月更好，至於好的原因，我一定會蒐集資料說明清楚。我會把基本論述弄出來，把它處理好，你放心。」

我聽他這麼說，終於放下心中一塊大石頭。

他在開說明會時先表達我們的歉意，並說：「如果檔期延到耶誕節你們不能參加沒關係，我們可以退款。」Wilson是個誠懇且經驗豐富的人員。「道歉說明會」辦得很成功，最後的結果是大部分的銀樓店都接受延到耶誕節播出的事實。

我如願把一些主管名額補齊，並在開會時明白告訴大家：「我不會把公司收起來，我是玩真的。」我的態度很堅定，而這堅定的態度讓那些等著領遣散費的員工很失望。他們熬了一段時間，眼看著公司即將有起色，「心願」落空了，後來一個個離職。

雖然我省下遣散費，而他們也浪費自己寶貴的時間。

這時的公司有一半的人是我應徵進來的。有人說，我終於掌握了人事權，叫得動同事了，這在公司的轉型上，算是必經之路吧。

人事穩定，新團隊為公司呈現一股新氣象。

「置入行銷」成為業界的教材

我們除了「流星對戒」之外，也做鑽石、黃金、銀等材質同款式的戒指，希望延伸一些新產品。鑽石部分雖然比較貴，價值一萬五千多塊，限量五百對，黃金跟銀不限量，但仍然吸引消費者上門。

我們跟輔仁大學與「世界黃金協會」共同舉辦民調，想藉此了解「今生金飾」在市場上消費者的認同度。調查結果顯示，「今生金飾」的知名度已經達到百分之九十，但消費者對品牌的認知度只有百分之三十五左右。為了加強認知度，我決定「流星花園II」上檔的時候，投入大筆預算在廣告行銷上，與「流星花園II」以「摘星圓夢・就在今生」置入行銷手法，推出為「流星花園II」量身打造的「流星」系列飾品，強勢地吸引消費者的目光。

廣告打出來後，消費者的熱情超過銀樓店的想像。他們說，不少客人從美國、加拿大打電話「預訂」產品，這是以前沒有的情況，甚至有個香港客戶打電話來，說明他訂幾月幾日幾點的飛機，預計幾點抵達店面，他買了戒指之後要馬上離開，請店家為他準備好。我到大陸考察的時候還意外發現有婚紗店以我們的「流星對戒」當贈品送給新人……讓我受寵若驚。

不過，「流星花園II」的收視率不如「流星花園I」，銀樓店雖然出現不少熱情消費者，但因為推廣的關係我們跟店家收了廣告費，所以銀樓店整體業績平平，活動結束後，他們給我剛好「及格」的分數。這案子只讓我處於「不輸」的局面而已。

「流星花園Ⅱ」結束後，我們所採用的「置入性行銷」開始廣泛被討論。有一次我應邀到輔仁大學演講，聽說他們開始在討論我們的置入行銷策略，還有一個外商廣告公司的朋友跟我說：「你們跟『流星花園Ⅱ』合作的置入性行銷案，是我看過最成功的。」這樣的發展出乎我意料。

也有媒體說，「今生金飾」因大手筆地投入千萬元的廣告行銷費用，配合偶像劇的上映，提高了品牌的知名度與形象。

最重要的是，今生金飾開發了這群「粉領新貴」的消費能力，金飾業者也開始推廣18K金飾品，除了可望提高客單價，也希望開拓黃金飾品以外的全新市場版圖。

對我來說，這次「置入行銷」讓我深深體會時尚金飾店以及金飾品牌越來越受到消費者重視，也使銀樓生態往更時尚的方向發展。

從面談中找人才

公司找人的方法不外乎「面試」，其實老闆要從短短的十幾分鐘談話中找到合適的人選並不容易。

我面試時，會問對方：「你為什麼會離開之前的公司？」如果他一味地批評上一任老闆，這種人我不會錄用；相反的，如果這個人說：「我離開是因為曾經犯了錯。」我反而會錄用，這表示他坦白面對過去而且誠實面對自己。

我還會問他們的希望待遇，曾經有一個人說：「看公司怎麼給；我拿多少錢，就會做多少事。」這種人我也不會錄用。這表示他的格局和眼界就只有「金錢」而已。一般人上班不單為了賺錢，工作含有成就感、快樂、成長、報酬，而報酬也不單純是待遇而已；我相信認真工作得到的成就感和別人的信任，遠比金錢上的報酬來得大，這是在工作上的附加價值，不是金錢所能衡量的。

當然，在不了解這個人時，對談的內容，是很重要的依據。

我有一個當主管的朋友曾應徵一位會計，會計是他的罩門，所以對他是很大的挑戰。

那是一位年近五十的女士。她的氣質不錯，應對進退得宜。我朋友問她以前做過什麼工作，除了會計之外，她開過早餐店。「很辛苦吧？」「還好，只是洗韭菜比較費時，因為我們有賣韭菜盒子，每天早上四點多就要起來，『一根一根』的洗……」他聽到這裡非常心動，決定錄用她。

他的理由是，一個肯把客人當自己人真心對待的早餐店老闆，一定也會用心對待自己的工作。果然，兩年下來，他公司的帳從來沒出過問題，他因此安心的衝刺事業；至今，他一直慶幸自己找對了人。

一個工讀生的建議——尾戒

一位媽媽常拜拜，大小事都跟神明講，後來女兒買尾戒給媽媽戴，她就把心思轉移到尾戒上。她相信戴上尾戒之後，心就不再亂了。「尾戒讓她感覺平安，心裡有個寄託。」

在「流星花園Ⅱ」決定從七夕延後到耶誕節播出的這段期間，公司悄悄的進行一件改變我，也改變「今生金飾」的事。

話說「流星花園Ⅱ」未如預期播出雖然讓我們感到沮喪，但公司的作業還是得正常進行。我按既定行程到印刷廠看海報的調色，儘管這是個冗長的過程，但也已經是多年的習慣了。

賦予尾戒意義

這一天，我照例到「印前輸出中心」盯海報進度時，廠裡的工讀生看了一眼海報，轉身問我：「這是『今生金飾』的產品喔？」

我說：「對。」

她略帶好奇的問：「那你有沒有做『尾戒』？」

我說：「沒有。」

她擺出一副不解的樣子。「你們為什麼不做『尾戒』？」

我反問她：「為什麼要做尾戒？」

她一副理所當然的回答：「戴尾戒，可以防小人啊！」

我愣住了，我從來沒想過尾戒啊！

「印前輸出中心」的流程繁多，等待時間頗長，工讀生詫異的表情和建議一直在我腦海迴盪。「尾戒……尾戒……你怎麼不做『尾戒』？戴尾戒可以防小人啊！」

當時適逢農曆七月，俗稱鬼月，因傳統習俗婚嫁不宜，算是金飾業的淡季，特別是七夕情人節一過，整體市場陷入一片沈寂。我正思考如何推出具話題性的產品，提供給消費者一個購買的理由，衝高鬼月業績。

我反問自己：「尾戒會是一個機會嗎？」

我心裡的另一個聲音響起：「這是一個機會，抓住它！」

我對市場動態很敏感，別人提供的意見我都會「審慎評估，快速反應」，這是我的原則。

從印刷廠看完調色回到公司，馬上找同事開會。大家經過一番討論，頗為認同尾戒製作。因為民間的確有戴尾戒的習慣，戴右手招財，戴左手防小人。銀樓店也賣過，只是從來沒有人推廣。

有同事提議說：「如果我們能區隔過去的尾戒，賦予它一些功能和意義，包裝成新的產品，應該很吸引人才對。」也有同事說：「我們應該努力讓『尾戒』成為『今生金飾』的產品，雖然市面上都有尾戒，但消費者沒有一個強烈的概念，不妨趁機先在消費者心中佔據地位，以後市場上談到尾戒就會想到『今生金飾』。」我同意他們的說法，「打仗，不應該在銀樓店面打，應該在消費者心中打。」

最後我們達成「做尾戒」的共識，同時針對鬼月淡季，推出「招財開運尾戒系列產品」，藉以打破以往農曆鬼月不推案的傳統，特別的是這套產品專門針對消費者的「心理層面切入」。以前沒人提，現在我們來做，應該可以當「開路先鋒」才是。

尾戒設計多采多樣，市場效果一級棒

其實我二十年前做過招財戒，就是用黃金設計一個三隻腳的蟾蜍。蟾蜍在民間觀念是「管錢」的，買「蟾蜍」的消費者希望藉它招財。白天出門時把蟾蜍的頭朝外，意思是「出去咬錢」；晚上再把蟾蜍的頭朝內，意思是「把錢咬進來」；所以那一款賣得非常好。

我認為「尾戒」和「三腳蟾蜍」有異曲同工之妙。

不過，選在鬼月推出尾戒，我們卻沒有十足的把握。在沒有把握的情況下，我們一向採保守策略，所以我先在自己的百貨櫃點賣，沒鋪貨到銀樓店。

沒想到尾戒一推出，市場反應還不錯。消費者對尾戒非常有興趣，賣完尾戒，詢問電話持續不斷，這份意外帶給我們莫大的鼓勵。

尾戒之後，接下來才推出原來從七夕延後的「流星對戒」。

由於兩項產品一前一後出現，成績馬上分出高下；中途才插進來的「尾戒」引起熱烈迴響，反倒是期待已久的「流星對戒」效果平平。

我原本計畫在「流星對戒」之後要進行隔年大規模的招商活動，一起跟銀樓店做推廣。但我擔心「流星對戒」的反應不如預期，恐怕影響招商成效，就先暫停此計畫。我心想，尾戒反應還不錯啊，不如先把尾戒系列商品擴充和強化，「免費」贈送給所有店家一檔促銷活動(不向他們收推廣費)。

我們決定投入尾戒製作之後，特地邀請設計師加入討論行列。以前的尾戒毫無設計可言，就是一個圓圈而已。現在我們賦予尾戒意義，把它開發成有創意的戒指；行銷企劃部則規劃出未來幾年尾戒推廣的四個主題，分別是：招財、愛情、學業、事業，根據這四個主題發展不同的圖騰，呈現每年不同的款式，以符合消費者的需求。

那一陣子，同事上班時都沈浸在各種尾戒所代表的民俗意涵的氣氛裡。

推廣期間，我們的銷售員帶尾戒到銀樓店鋪貨。有的店家看到這玩意兒不是很有興趣，有的甚至以觀望態度面對，有的根本不打算進貨。但當尾戒打出宣傳廣告後，市場隨即跟著熱起來，消費者開始到經銷商詢問尾戒。有進貨的銀樓店很快銷售一空，沒進貨的店家看到盛況，回頭主動找我們要貨，最後尾戒全面進入所有的經銷商中。

這段銷售期間適逢農曆新年，尾戒的主題訂為「招財、招姻緣、防小人」，消費者對這項新的且符合他們需求的商品展現了極高的接受度。像有一款尾戒在設計上把「財」這個字「橫」著放，大家一看就知道發「橫財」，結果那一款尾戒賣得很好；另有一指尾戒刻有「花」和「蝴蝶」，代表「招姻緣」，這款尾戒的銷路也不錯，戀愛中的男女或渴望愛情的人都來買。

此外，民間在過年期間有「贈與」習慣，後來我們才發現很多人買尾戒當紅包，送給晚輩，希望他們平安，而且這種市場需求很大。原來在消費者心中，尾戒也有討喜、討財和討吉的功用，所以銷售成績出乎大家意料。

尾戒自此帶來銀樓店對我們無比的信心，包括推廣信心。於是我趁機加把勁，著手做整年度與銀樓店的招商活動。

尾戒扮演「心理醫生」

「尾戒」的成功，很大因素來自於消費者的焦慮。因為當時經濟不景氣，失業率攀升、股市低迷、辦公室人際關係緊繃、社會秩序混亂，民眾內心充滿著不安定感，有些人會透過外力幫助個人的運勢，更多消費者則不斷找尋符合心理訴求的商品；於是我們推出的尾戒，成了讓消費者多一個合理購買金飾的理由。

此外，尾戒在市場上盛行跟它扮演「心理醫生」的因素有關，這點跟宗教很像。

我記得到銀樓拜訪時遇到一位消費者，她是個鄉下的中年婦女。她說，她媽媽常拜拜，大小事都跟神明講，後來她買尾戒給媽媽戴，她就把心思轉移到尾戒上。她相信戴上尾戒之後，心就不再亂了。「尾戒讓她感覺平安，心裡有個寄託。」

我聽這故事覺得很有意思，這是當初沒想到的。不過，我覺得在宣傳上賦予尾戒「吉祥」的寓意，這個角度是成功的。

我還聽一些年輕女孩說，自己的手指間有縫隙，比較會漏財，但戴尾戒之後，倒楣的事少了。

值得一提的是，我們推出「尾戒」時，設定的熱銷期是過年前後的一個月，結果一賣，賣了一整年。以「流星對戒」和「尾戒」比較來看，前者花了很多廣告費，在短短兩個月內賣了一萬多件；後者廣告費很少，卻在兩個月內賣了三萬多件，為我們公司帶來很多利潤。我們稱尾戒是「小兵立大功」。

帶動尾戒風潮

「今生金飾」的尾戒之所以「紅」是因為它「走出自己的路」，例如以前很多店家也做尾戒，但消費者卻說不出他們做了些什麼，而「今生金飾」賦予尾戒意義，替他們說出了心裡的願望。

我們的尾戒固定在過年期間推出，第一年初銷售成績不錯，第二年整個成績拉了起來，第三年舊曆年還沒到，就有消費者滿心期待的打電話詢問：「請問尾戒推出了沒有？我們打算要買耶！」可見市場的反應有多熱烈。

我們第二年規劃尾戒時，做了六個主題，分別是：招財、招愛情、助文昌、防小人……每個系列可能推出兩款或三款的產品。我們切得很細，希望能滿足消費者不同的需求。

尾戒推出後，我們做了一份銷售量的民意調查，結果發現招財和招愛情的銷售量遙遙領先其他，顯示消費者偏向這兩個系列，其餘的系列則遠遠落後，賣得很有限，於是第三年開始我們主打「招財」和「招愛情」兩個主題，並根據這兩個主題發展不同的產品；另外防小人系列也沒有間斷。

一般商家會有婚嫁、母親節、情人節系列，我們的尾戒推出之後，也帶動業界一股風潮，甚至有一品類叫「命理金飾」。很多店家找電視節目專講命理或風水的專家當代言人，他們可能會跟消費者說，買了尾戒之後要過火或在香爐上轉三圈等等；但我們堅持不做這些，我們賣尾戒比較傾向於「心理上的慰藉」，消費者戴了尾戒後會朝「正向」思考，不會著急，不會慌張，心裡穩定了，出意外的機率自然降低，所以我們的尾戒系列保有飾品的美感和正向思考的意義，這是尾戒一直到現在都受消費者肯定的原因。

尾戒之前，每年的過年，一般銀樓店都賣十二生肖商品，我們也不例外。經過設計之後，我們的十二生肖金飾當中，有威風凜凜的龍、虎；靈活俏皮的猴子；忠心的狗；可愛的兔及羊，都是銷售狀況特別好的熱門生肖。即使是福福泰泰的豬，因為圓滾滾的身軀有圓滿的特別含意，也有忠實的擁護者。此外，我們還取材自卡通及動畫人物，擺脫以往具象動物造型，改以十二生肖變裝娃娃為設計主軸，就像十二個活潑可愛的寶寶，分別穿上十二生肖外型的服飾，具時尚感。至於其他生肖，就得靠造型取勝來吸引消費者關愛的眼神。

但生肖容易暴露出的年紀，這是女性消費者最忌諱的。在這種情況下，尾戒成功的取代了生肖，成為過年最被期待的產品了。

當機會降臨時，抓住它

我有一種新的感覺是以前沒有的。由於「尾戒」賣得好，消費者的反應很直接，市場的回饋也很正面。常常尾戒一推出，市場就嚴重缺貨，可見它受歡迎的程度。

這時公司已經明顯朝向一個正面的方向走了。就公司營運來說，趨勢的箭頭是上揚的，這是件好事。而公司原本的一片渾沌，經過尾戒之後，改頭換面。最重要的是，新的專業的行銷企劃人員領著舊有員工往前走，公司呈現一片嶄新的新氣象。

我曾經看過一本書，其中一句話說：「我們的機會常常降臨，當它敲門時，必須訓練你的耳朵去聽，訓練你的眼睛去看，訓練你的雙手去抓，並且訓練你的頭腦運用它。」

這的確是一句很受用的話。即便是一個工讀生的建議，這個機會都可能改變命運。

老闆要隨時轉換三種角色

我進到「今生金飾」負責整個公司的營運之後，很多人把我定位成leader（領導者），但我把自己當成manager（經理人），更多時間我是worker（工作者）。

一天之內，我的工作涵蓋這三種角色，也常常轉換這三種角色。我大部分的時間把自己當成worker，跟同事一起做事，可以保持旺盛的活動力，以了解公司的問題，這個過程有助於我當manager；例如我發現某些流程很浪費時間，我在管理上就可以提出節省時間的方法，在當leader時便能精準的抓住大方向。

例如，我會親自到工廠盯DM進度。他們常調侃我：「你又來啦。看版很浪費時間喲！」的確，常常一去就是一整天。

以前我沒到「印前輸出中心」監督調ＤＭ顏色的時候，黃金印出來的顏色有時像K金，根本不是我想要的，但當我想提出質疑，卻因為不懂而無從討論起。印刷廠的人建議我到現場盯廠，直接在電腦前調顏色，就可以避免問題發生。

從那一次起，我都跟著海報進場，從修圖、設計、編排、曬版、印刷……當我把整個印刷流程都弄清楚後，對方跟我談專業問題，我就可以跟他們充分「對話」，對方也不敢把我當外行人「唬」。

例如有一次出DM，印刷廠跟我說：「時間很緊迫，打樣來不及啦！」我馬上回他：「為什麼來不及呢？你用數位打樣，一個小時或半個小時就可以了。怎麼會來不及呢？」我還告訴他，數位打樣和實際印出來的顏色只是「有一點」不一樣而已，印刷是用「網」拼出來的，數位打樣是用列表機以噴墨方式列印出來的，差別在這裡而已。對方聽我講到幾個專有名詞知道我並不外行，以後做我的事就不敢馬虎了。

這對我在公司的管理和掌控進度是有幫助的。因為，別的行業的問題出在哪裡不是人家講的就是真的。我了解整個流程之後，不但知道整個問題出在哪裡，還可以直接提出要求，找出對彼此最有利的解決方法。

穿梭在這三種角色中，可以使得你在擔任其中一個角色時，也了解其他兩種角色，更重要的是，在你不在場的情況下，也不會對公司的運作感到陌生。

在廣告戰中異軍突起

我理想中的廣告希望有「反差」效果，最好可以引起討論，造成「新聞話題」，廣告還沒登場就未演先轟動，要達到這目的必須「逆向操作」才行。

尾戒成功了，成為「今生金飾」今後的系列產品。我覺得應該找一個長期合作的廣告公司了。

與「就是」廣告，門當戶對

我請同事幫我找幾家廣告公司談談，談的第二家就是「『就是』廣告公司」。

「就是」廣告的負責人黃文博給我的感覺很特別，他多半時間跟我交換「理念」。

他認為廣告行銷其實很簡單，就是要搞清楚「你要對誰說話」，然後再「告訴他你是誰」。要做好廣告行銷，先從了解「人」開始！但是大家卻把它搞複雜了。

他認為廣告最重要的是創造讓觀眾印象深刻的記憶點，而好的廣告是能打動觀眾並引起共鳴的。他覺得廣告創意訴求要單一、內容要簡單、表現要特別，這三種特色要平均表現，並貼近人性。他希望利用催眠觀眾及引起觀眾共鳴的方式，讓消費者跌入廣告的巧妙氛圍中，而不是說服消費者，那樣只會顯得枯燥。

在談話中，他只是很自然很誠懇的表達意見，沒有一種非要爭取到你這客戶不可的感覺，沒有刻意表現他們的厲害，沒有強烈的欲望和動機，只是強調他有理念和專業上的堅持，除了這個「硬脾氣」外，他希望找到一個「尊重」和「欣賞」他們優點的客戶。

由於廣告這行業容易流於膚淺化和表面化，但他們對我提出的問題都很真誠的面對，他的真誠讓我打從心底喜歡。

我對廣告公司規模的大小有定見。大廣告公司會對大客戶比較用心，小廣告公司有小廣告公司的能力和服務方式，「就是」算是中型廣告公司，而「今生金飾」也是中型公司，我覺得跟他「門當戶對」……本來後面陸續還有幾家廣告公司要談，但跟「就是」談完之後，我告訴同事：「不必再約其他廣告公司了，就是『就是』這一家了。」

我感覺「就是」的負責人是一個不一樣的人。他跟我很像，他開廣告公司不全然是為了賺錢，他認為對的事情就會做。我們合作一年後，我才從其他同業口中得知，原來「就是」曾免費為公益團體拍過廣告，這更堅定我對他們的信心了。

逆向操作的名人代言

金飾界慣用的廣告手法是找「名人」代言，這是讓消費者認識產品、建立品牌最快速的方法。

當年的金飾「代言人」都很強。有家同業找阿寶代言，另一家找小S代言，我覺得必須找一個「名氣」不輸給她們且受消費者注目的代言人，因此勢必要有不一樣的作法。我理想中的廣告希望有「反差」效果，最好可以引起討論，造成「新聞話題」，廣告還沒登場就未演先轟動，要達到這目的必須「逆向操作」才行。

同事們一一推薦人選，但都不符合我的理想。「那你到底想找誰代言？」我說，想找一個男性搖滾歌手代言，讓滿是女性代言人的金飾市場中，以另類的創新姿態異軍突起。「我推薦伍佰當代言人。」

接下來是一陣譁然。在場所有的人都反對，看法偏向負面。

「金飾廣告不是應該找個性與產品『吻合』的名人代言嗎？消費者看到伍佰怎麼會聯想到時尚的『今生金飾』？」

「黃金是屬於女性特有的配飾，是柔和的象徵。伍佰不適合吧！」

「找一個搖滾歌手合作根本不搭調！」

接著我一個個去說服他們。「因為不搭才能引起別人的討論，才能聚焦在我們要推出的產品身上，而且伍佰給我的感覺很有『靈氣』，再來他的名氣夠，更何況化裝品、內衣廣告偶爾也會找男性代言；不搭的廣告也許會引來很高的注目度，我的廣告注目度越高，我的廣告商品越被大家重視，這個『鮮明』的標示會讓消費者印象深刻。」後來同事被我說服了。

叛逆的伍佰，溫柔又深情

我拿這個點子找「就是」廣告討論。

他們很坦白的說：「我們不是很贊同，但也不反對。」

他們覺得不管什麼人代言，廣告公司都有辦法做，只是好做不好做的差別而已。

一般來說，代言人分很適合、普通適合、不適合、很不適合四種類型。伍佰對廣告公司來說有點困難，在他們的看法屬於「不適合」這一型。「但你已經決定了，我們會在能力範圍之內讓他變成盡量適合。不過伍佰也不到『非常不適合』的地步。」

由於伍佰是搖滾歌手，比較硬，所以他們的任務是把他「軟化」，以符合「金飾」的廣告調性。

伍佰的廣告出爐後，我第一眼就認為他很「適合」這個廣告。因為廣告公司把他操作得非常柔性，他一改以往的野性叛逆，在鏡頭前以感性的口吻說：「小時候都是媽媽守護著我們，便當盒都蓋不起來，真的怕我餓到了，你知道嗎？有時候想抱她，真的想抱她，現在我要用今生金飾守護著媽媽……」同時拿著吉他低吟「搖籃曲」。「嬰仔嬰嬰睏，一暝大一寸……」在寧謐溫馨的樂曲中道出：「媽媽小時候對我好，現在長大了，要送媽媽一個禮物……」他拿出

「金飾項鍊」說：「母親節快樂，相約今生金飾。」

這個廣告深獲好評。在母親節前後，很多媽媽直接告訴兒子：「我要伍佰的那一條項鍊。」這表示廣告成功了，因為打動媽媽的心，也打動孩子的心，引起母子共鳴。

伍佰當愛神，勇敢說出愛

我們的產品代言人是代言一整年度的廣告。結束母親節的活動之後，我們將推出七夕情人節廣告。

廣告公司以「勇敢說愛」為切入點，分別用男生和女生不同的觀點拍攝兩支廣告。

男生部分是情人節快到了，要送給女朋友一件禮物。男生似乎要跟女生說些什麼，卻怯於開口，他直接把禮物拿給女生後離開。這時，伍佰出現在斑馬線上，對男主角說：「你不敢說，就不配愛！」伍佰邁步向前給予鼓勵，於是男主角送出鍊子，說出了「我愛妳」。

女生部分也是男生送鍊子給女生，男生一樣沒說，這回換女生要過馬路了，伍佰在斑馬線上遇到她，問女主角：「他不敢說，妳敢嗎？」這句話點醒了女生，她隔著大馬路大聲說：

「我知道，你愛我！」勇敢說出自己的愛。

搖滾歌手伍佰從上一支母親節表現孝子的形象，這回轉變成為愛神，以酷酷的造型與語言來說愛。這款「本土愛神」效果超出預期，金飾也賣得很好。

有一次我跟廣告公司談起伍佰這角色，他們很誠實的告訴我：「我們雖然做廣告，但不會去誇大廣告的效果，不是因為伍佰代言成功；或者我們操作成功，我覺得伍佰在我們『定義』的金飾市場裡的『適合度』是五十分的代言人，廣告的表現達到七十分的效果，但當時金飾市場呈現往上衝的氣氛，留給消費者的期望空間超過一百分。」

這種氣氛對我們是有利的。我接掌「今生金飾」之後，第一年虧五百萬，第二年虧三百萬，第三年就開始賺了。

浪漫的海邊，陳小春點燃愛火

繼伍佰之後，隔年我們找金飾代言人時更費盡心思，因為透過廣告代言讓我們的產品「大大加分」。

這一次我們看中陳小春的魅力，以及他在流行音樂市場佔有的一席之地，希望以他在青少年心目中偶像的地位帶動流行時尚，能繼伍佰之後繼續創造金飾在市場的影響力。

一般人印象中的陳小春，總是嘻哈風造型，寬鬆的衣服、垮褲，有點酷，但這一次，他的誇大服飾收斂了點，溫柔多了點！

廣告公司直接針對陳小春的個人特質，讓他率真不拘的個性、對情人的深情與今生金飾的浪漫，緊密結合。

在廣告腳本中，陳小春維持著個人慣有的酷勁，飾演一位不輕易表白愛意的男子。為連結細膩的劇情，今生金飾、陳小春與專業人員，浩浩蕩蕩的到三芝海邊做連續兩天各長達十六個小時的拍攝，只為捕捉一幕幕陳小春與女主角互動的精采畫面……

廣告腳本頗為動人：陳小春與女主角在一個生著營火的海邊約會，女主角心血來潮的問著陳小春：「今生今世(取「今生金飾」的諧音)你會愛我多久？」陳小春故意裝作沒聽見；過了好一會兒，女孩繼續問：「今生今世你會愛我多久？」原本專心撥弄柴火的小春因此分神讓火花燙到了手，藉此避開問題；女孩生氣了，再問：「今生今世你到底愛我多久？」這時小春已將今生金飾的「約定」從女孩身後掛到她的頸上，讓女主角欣喜若狂喊出：「啊！今生金飾！你……到底會愛我多久啊？」這時陳小春放開女孩的雙手緩步退後，退向海邊，燃起海灘上早就排好的火把，大型火把呈現著斗大的答案「一直到……妳不愛我」。陳小春特殊表達愛意的方式，與女主角轉折多變的情緒互動，讓深情、感動與「今生金飾」一起沸騰！

創意是廣告的靈魂

其實廣告好不好跟我們向廣告公司提出來的創意有關。我們經常溝通，我不希望產品太商業化。我希望有感動點，以維繫「今生金飾」的一貫性。廣告公司有他們的策略，但我懂市場，我們之間有一道模糊地帶，彼此之間有些拉扯，有時我會被他拉過去，有時他會被我拉過來，拉扯之間常激起無數火花，衍生出不一樣的創意。

這幾支廣告透過媒體傳布，已經給消費者根深柢固的印象，那就是「今生金飾」是傳遞「感情」的禮物，後來也成為我們與消費者溝通傳播的主軸。如果「今生金飾」能在消費者心目中佔有一席之地，我認為廣告的製作功不可沒，因為今生金飾的廣告能打動人心，廣告公司是最重要的幕後功臣。

視廣告公司為「合作夥伴」

我們從二〇〇三年跟「就是」廣告合作到現在，期間曾有其他廣告公司向我們「毛遂自薦」，我都沒有答應。除了我信賴「就是」廣告的專業之外，還有一件事讓我印象深刻。

我記得剛跟「就是」廣告公司簽合約時，其中一項是「基本價」（月服務費），意即不管這個月有沒有廣告都要付這一筆錢。

我們在談話的過程中，我無意中提到：「我們公司剛開始做這個廣告，服務費對我們是滿大的負擔！」這句話我一語帶過。沒想到廣告公司報價時，自動少了兩萬塊。

第一年做得還不錯，但「就是」廣告沒有因此而提高服務費，於是我主動把價錢加回兩萬。

後來幾年因為黃金波動的關係，公司的營運狀況並不好。「就是」廣告寫了一張卡片給我，「我們也是『今生金飾』的一分子，你的處境就是我的處境。在目前金飾市場面臨挑戰的狀況下，我願意把服務費減少兩萬，雖然這是一筆小錢，但卻是我們的心意。」我看了這張卡片，感動得不能自已。

以廣告公司來說，營「利」應該是他們的工作目標，我們的狀況不好跟他們無關，他們可以說：「你們市場不好，但是我們還是很努力啊！」但他卻認為廣告業是一個有感情的「服務業」，理應把客戶當作「夥伴關係」，彼此「榮辱與共」。他說：「客戶的生意如果做得好，我們也感到很光榮，抬得起頭來；客戶的生意如果做不好，或正在衰退中，我們也必須覺得很慚愧。我們不能逃避這個責任。我把價錢降兩萬是覺得很慚愧，沒有辦法把市場穩定下來，把它做得更好。」

他說當客戶身上出現傷痕的時候，「我們也不希望自己身上是完好無缺的，也應該讓自己在肚皮上劃上一刀，去體會『痛』的感覺。」

這是廣告業高貴的心態，他們永遠記得在花客戶的錢。他說：「當你會有痛的感覺時才會把客戶的錢花得很好。」

在這講究「利益」為上的功利社會，我很高興找到一家清新的廣告公司。

一根菸的空間

我開會的時間很多，難免有不同意對方意見或難以做判斷的時候，在這關鍵時刻，我習慣先到外面抽一根菸，藉機冷靜一下，讓情緒緩和下來，重新思考，避免莽撞的決定。

有一次，廣告公司的黃總到我們公司提情人節的腳本，那一次他一共提出五個腳本，以他們的功力我很少不喜歡的，但那一次我都不喜歡，後來我提出折衷方案，就是把第一案加第三案綜合一起再做調整，但他不肯答應，因為他堅持自己的專業，不願意把案子弄得「四不像」。現場氣氛很凝重，我說：「我先出去抽一根菸，等一下再談好了。」

抽完菸回到會議室，我問黃總：「你自己對哪一個方案最有把握？」他說A案，我說：「好，黃總的決定就是我的決定！」

事後同事問我為什麼「抽一根菸」後，改變這麼大。我說，那一根菸的時間我想，黃總是我非常認同的一個夥伴。他堅持A案一定有他的道理，我就把責任交給他。我這麼挺他，我相信他的壓力一定增大，在做這個廣告時會非常認真，如履薄冰。

「抽一根菸」的哲學是我多年來的經驗所得，而抽這一根菸的時間可以讓接下來所做的決定更圓滿。

贏在「執行力」

一位經理為了在第一時間了解公司產品究竟出了什麼問題並且立刻解決，他把「投訴專線」改為自己的行動電話，二十四小時開機，隨時服務。

有一次，朋友邀我到他開的店分享我的創業經驗。他介紹我時，硬說我是一個很會「做生意」的人。在場的人一聽，馬上改變主意，要我直接教他們怎麼做生意。說來，這兩個主題還挺像的。我就以聊天的方式，跟他們談了。

先決定：你要做什麼生意？

首先，你必須確定：要賣什麼「產品」？賣給誰？在哪裡賣？價格多少？這是做生意必須先考慮的問題。

一般的創業者會先在消費市場中找一塊尚未被滿足的消費者族群，然後找出適合這族群的產品，並且分析這產品能否滿足這一群消費者的需求，而這產品如果單靠這一群消費者是否足夠讓你的生意做下去——商場的說法是「找市場位置」。

市場位置找到了，目標對象也有了，下一步要去了解你鎖定的這一群目標對象喜歡什麼感覺，包括他們的形象、輪廓、愛好，描繪出來，我稱它為「消費者造型造相」。我就要把賣給他們的產品塑造成符合這一群消費者喜歡的樣子，不管要做誰的生意，一定要充分了解你的消費對象。

例如，我發現「中階女性上班族」這一塊市場沒有人經營，我就專攻這族群。那麼，我的「消費者造型造相」可能是揹皮包、穿套裝、高跟鞋、有品味、成熟的都會女性，她們的年齡可能在三十歲到四十五歲之間，一個禮拜可能會穿兩天有品牌的東西……這輪廓描繪出來後，接下來要思考，你要賣什麼產品給「中階女性上班族」？這產品足不足以讓你的生意維持下去？如果都沒問題，表示你找到了「市場位置」；接著，你賣給她們的「價格」必須符合她們的身分，這樣才能滿足她們的消費。

找到消費族群和產品，該用什麼宣傳方式讓消費者知道呢？這是一般人說的「推廣」。「中階女性上班族」也許會看時尚或綜合雜誌，你的產品可以在這裡打廣告。行銷得與該族群有交集，例如，你的目標對象是計程車司機，可以打電台廣告，而且出現的頻道是他們最常收聽路況的「警察廣播電台」。

如果你沒有具體方向，不了解產品的消費對象，就容易流於「亂槍打鳥」，亂射一通，一隻也沒打中。或者像釣魚，不知道魚聚集的地方亂撒網，一收網可能只有幾隻魚或甚至一隻都沒有；如果知道魚聚集的地方，只要針對那一帶撒網，一收網可能是一堆的魚。

了解你的目標對象，還可以「主動出擊」。例如我的目標對象是上班族，就會找他們的「福利委員會」，只要他們持公司的證件消費，可享有某種優惠——藉由特殊管道「拉住」他們的心。

地點決定人潮

至於產品應該在哪裡賣呢？以台北為例，「中階女性上班族」最常出現的地方可能在東區，店家最好就設在那兒。

如果賣「中階女性上班族」的店開在西門町，生意一定不好；如果賣給學生的服飾開在東區，店家生意一定不長久。

地點很重要。

我常根據店家有沒有找對目標對象、價錢符不符合消費族群、地點是否正確……等條件，判斷這家店是否能長久經營。

有一次我到廈門出差，跟同事一起到一家海產店用餐，付完帳，走出來，我就說：「這家店應該開不久！」

他問我：「為什麼？」

第一、目標對象不對。因為附近住戶大多為在工廠上班的作業員或者計程車司機，他們習慣到菜市場買東西回家自己煮來吃。

第二、價格不合理。通常兩個人在市區裝潢高級的酒樓的消費大約七十到一百塊人民幣。我和同事兩個人在這郊區餐廳卻花了一百多塊人民幣，而我們只吃八分飽，我感覺這家比別家賣得還貴。如果附近居民外出吃飯，願意拿出來的價錢以兩個人計算的話，大概只有二十塊人民幣，所以不符合附近居民的經濟水準。

第三、地點不對。這家海產店開在以中、低住戶為主的住宅區，附近的菜市場就有好幾家賣海產的攤位，這家餐廳吸引不了他們。

我好幾次開車經過那一家店，店面空盪盪的，客人寥寥可數，好幾次沒人光顧，果然如我所說的，半年之內就結束營業了。

另外一個例子是在同一區開KTV。剛開店時，為了促銷，店家打出三天免費的廣告，我的一位朋友因此拉我一起去唱歌。但當天人不多，唱完之後，我也斷言「這家店開不久」。因為KTV的音響不好，這表示產品本身就有問題，喜歡唱歌的人絕對不會到音響不好的地方消費；更何況地點也不對，因為從該住宅區開車或坐公車到市中心不需要十分鐘，隨時都可以找同樣價位且音響好的KTV店；況且，KTV最主要的目標對象是學生，喜歡唱KTV的學生會跑到住宅區唱歌嗎？果然那家店也很快就倒了。

經理把手機轉為「投訴專線」

做生意必須擁有的產品、消費的族群、價格、販售地點等基本條件都具備之後，接下來就是要「服務」消費者，讓他們變成你的忠實顧客。

說到「服務」，一般公司都會針對銷售人員進行「教育訓練」。教育訓練說來容易，做起來卻不容易。

我在台灣曾找專門辦「教育訓練」的公司為我們的銷售人員上課，其中有一句話：「抓住老婆就抓住老公；搞定小朋友就搞定媽媽。」我覺得很有道理，到廈門出差時，也把這句話告訴他們；沒想到，我下一次再到廈門時，店裡已經有玩具了。

我看到媽媽帶著小孩到店裡買珠寶時，我們的服務員馬上拿玩具給小朋友。

「你叫什麼名字啊？」

「宋賓。」

「小賓賓，你好棒！喜不喜歡這玩具？」

「喜歡！」

「嗯，送你。」

「謝謝阿姨！」

「好，我們到這邊玩喔！」

這麼一來，小孩不吵了，媽媽就可以專心挑珠寶了。

我們發現，以後媽媽帶小孩逛街，只要經過我們的店，小孩都會把媽媽拉進來看珠寶。

這就是成功的「服務」。

別小看「執行力」，一件普通的事可能因為執行得好，而得到意想不到的效果。

我再舉個例子。一般店家都有「客服電話」或者「投訴專線」，廈門也有。

有一次，客人打電話投訴，不巧，負責接電話的小姐剛好離開，客人怒氣無處發洩，再打來時，口氣當然不好，這引起營運部主管的注意。

他很在意客人投訴，他認為「客服專線」人員反映給他的是第二手資料，客戶已經不滿意了，電話還轉來轉去，而且客服人員對客人的反映感受不深，能做的都是制式化的回答，沒有感情，也無法立刻幫客人實際解決問題，感覺更對不起客戶了。於是，他把「投訴專線」改為自己的行動電話，二十四小時開機，隨時服務。

這麼一來，他可以在第一時間了解公司產品究竟出了什麼問題並且立刻解決；如果我們的產品真有瑕疵，他還可以親口道歉，同時傾聽消費者意見，直接跟客人溝通，了解他們的需求。

例如有個客戶在投訴電話中罵：「我的配件一下子就掉了。你們的產品是怎麼做的？」營運部經理的第一個態度就是先道歉，安撫他的情緒，表示了解他的感受，同時公司願意負責。客人氣消了，也滿意我們的服務。隔幾天，他居然帶著一批航空公司的小姐到店裡買黃金，還在大家面前誇讚我們的服務品質一流呢！

還有個投訴電話說皮帶壞了，要我們賠，如果我們不賠，他要告到「工商局」。我們馬上表示抱歉而且願意換一條新的給他，他也很感動，隔天送一盆花到店裡給我們。

我曾經跟同事說：「客戶的感受大於立場，不要跟客戶爭辯，只要你願意對客戶真誠付出，不求回報，客人一定會為你的真心感動的。」

記得有一次，一個時尚女性客戶的手鍊買了半個月斷掉了，我們幫她修理好了，還給她。

過沒幾天，客戶又發現那條手鍊斷了，又拿回來修理。這時，我們注意到這條手鍊的結構沒那麼牢固，我們站在客戶的角度去想，如果這樣的事情發生在我們的身上，我們會滿意嗎？於是，公司主動打電話給客戶，說明產品的品質有問題，然後換其他的款式給客人。那個客人深深的被我們的服務態度打動。

後來我們發現，其實客戶沒那麼在乎產品壞了自己損失多少，而是在乎店家有沒有在乎他們的感受。甚至我們最後會發現，客戶真正到店理購買的原因是喜歡你、信任你。

自從營運經理把手機當作「投訴專線」後，很多人擔心他隨時處於備戰狀態因此失去下班後屬於私人的時間。結果不是，由於客人一投訴，我們馬上解決，問題減少，投訴電話也越來越少了。此外，我們的銷售人員工作更敬業，因為如果做不好，消費者可是有「直達天聽」的本領，可以直接告訴你主管喔！

值得一提的是，我們在廈門的兩個百貨公司設有專櫃，但我們的專櫃是零投訴，表示我們的服務讓客戶非常滿意，這是少有的現象。

站在朋友的立場對待客人

我多年的經驗發現，「百分之六十的業績來自老客戶。」開發十個新客戶，比經營十個老客戶更難。因此，我們常常把與老客戶平時的交流與溝通，當成非常重要的工作。在客戶資料當中，我們會了解在近期什麼時間女性消費者要當媽媽了，我們會及時送上祝福與嬰兒用品。把客人當成老朋友看待，老客人會源源不斷地把你的品牌及商品當成是她的老朋友。

廈門的店在「客服」方面做得很好，只要你是我們的客人，生日時我們都會表達祝賀之意，包括送卡片、兌換券……如果是「金卡ＶＩＰ客戶」，我們公司的同事會親自送上蛋糕，還有一束百合呢！

我們也常發簡訊給客人，告知消費訊息，但我們是站在對方是我們「朋友」的立場發簡訊的。例如耶誕節到了，我們會發簡訊祝福對方「耶誕節快樂」；天氣涼了，我們提醒客戶注意保暖，多加點衣物，簡訊最後註明「麗緻珠寶關心您」！

執行力，別人無法複製

如果客服要做得更細緻，就要建立「消費者資料庫」。但這有一定的困難，因為很多客人為了保有隱私權，不願意留手機號碼給我們。大家也在開會時討論過這問題，後來我們改變方式說：「生日的時候我們都會送禮物給客人喔。你不留個電話，我們怎麼找到你啊？」這時客人會驚訝的問：「啊！生日有禮物啊！好吧！」客人就留了電話。

我們客戶的資料一開始是不齊全的，但我們要求銷售小姐自己動手做筆記，例如「請問您貴性？」最基本的「姓」一定要知道；至於年齡，可以用約估的方式判斷；客人買的是K金或者黃金，還有離開時，跟別人聊什麼內容(可當作下一次跟客人談話的參考)……這些資料都可根據銷售員的觀察記錄下來，最後變成客人的資料。

我們客戶資料不全的比例從百分之七十已經降到百分之二十，目前仍在持續下降中——這就是有效的執行力。

有了健全的客戶資料，如果公司要做促銷就方便多了。

舉例來說，我們把客戶分為「金卡VIP客戶」、「VIP客戶」和「一般客戶」。有一次我們做促銷，「只要該年消費滿六千塊人民幣就可以升等為『VIP客戶』。」我們的服務人員就把那一年到我們店裡買三千塊到五千塊的客人資料調出來，再發簡訊告訴對方，如果您再花多少錢就有機會成為我們的「VIP客戶」，一旦成為「VIP客戶」，我們會贈送您一份價值五百塊人民幣的禮物，未來您可以享受什麼優待……等等。

我覺得這種服務和促銷是細膩且有效率的。如果你對所有的客人發簡訊，效果不大，因為消費一百元的客人要達到六千元，很困難也不容易；但針對已經消費三千到五千的客人，由於他們即將或者很快達到六千的消費，吸引力就很大了。

由於「麗緻珠寶」在廈門做得不錯，當地廠商開始複製我們，包括產品、店面裝潢、員工制服……等等。很多人問我怕不怕，我說，他們能複製的都是表面的，我們給客人貼心的、細緻的服務，是他們複製不來的。會打敗我們的，不會是對方，一定是自己，因為這些是別人「複製」不來的。我告訴大家千萬要對自己的服務有信心，「有錢就能蓋出一座城堡，但只有人才能使它溫暖。」

當老闆，考驗執行力

結束「做生意」的法則前，在場有幾個人躍躍欲試想當老闆。

有個人說：「我想在學校附近做學生的生意。」接下來大家開始幫她出主意。產品：燴飯、麵食、滷味、自助餐。價格：一百塊之內。地點：學校附近或夜市。宣傳方式：在校刊打廣告或在校園外廣發傳單。

現場還有一個人也說想在夜市做小吃，也接受剛剛大家幫忙想出來的方案……我說：「你們兩個在同一個起跑點上競賽，誰的『執行力』強，誰就會是最後的贏家。」

其中一個人說：「我會把我的手機號碼印在傳單上，二十四小時服務，歡迎客人隨時批評指教。」

最後我再補充「執行力」的重要性。六十分的決策，因為執行得好，可以做到一百分；但一百分的決策，因為執行力不好，可能零分。

現場響起一片熱烈的掌聲。我從他們滿足的笑容中知道，他們已經得到了收穫。

顧客的抱怨，是禮物

顧客不一定永遠是對的，但服務客戶不在於誰對誰錯，而在於你是否要留住這個顧客，所以我建議同事處理投訴的原則應該是：「先處理心情，再處理事情。」

我曾聽一場演講，主講人說，當顧客有不好的被服務經驗，只有百分之四的顧客會當面告訴你；百分之九十六的顧客會悄悄地帶著錢走向你的競爭對手；而一次負面的服務印象，通常需要十二次正面的服務印象才可以挽回負面的感覺……所以，有些公司把顧客抱怨當國安危機處理。

我對同事說：「當客戶抱怨時，要當那是一份禮物看待！」因為如果公司犯錯，消費者不說，我們永遠不會知道問題出在哪裡。有問題的東西放在那兒只會趕走更多的客人；當客戶願意說，我們才有改進的機會，對公司當然是一份禮物；所以我們處理完消費者的投訴之後，當然要送一份禮物表達歉意與謝意囉！

二十一世界是「品牌」世紀

若沒有「現代化」的銷售通路，再好的產品擺在老舊的陳列架上，一樣賣不出去，而我們的銀樓店是不是可以轉型變成現代化的7-Eleven？

我曾問同事一個問題：「誰知道台灣的第一家7-Eleven是什麼時候成立的？」正確的答案是一九七八年，在我當兵的前一年。我記得這新聞在當時非常轟動，因為它改變很多人的經營觀念和消費行為。

從柑仔店，轉為7-Eleven

7-Eleven開張時，我還在「金足成」上班。有一天我回嘉義老家，阿爸主動談起7-Eleven，他很不以為然地說：「我們做生意賣東西都是老闆親自拿給客人，哪像7-Eleven，東西自由地擺在外面，讓客人隨便拿，萬一被別人拿走什麼都不知道，這種方式怎麼經營得下去？還有，半夜三更根本沒人買東西，還開整晚。真是奇怪……」阿爸的話有取笑7-Eleven不懂得做生意的意思。

但我並不認同他的看法。我說：「人家7-Eleven的經營模式是對的，以後會有更多的便利商店出現，像我們家這樣的柑仔店已經落伍了，總有一天會被淘汰的。」

阿爸聽完我的意見，不置可否。隨著日後7-Eleven在各縣市到處開張，柑仔店一家家的收起來，證明我的看法是對的。

7-Eleven給我的啟發很大，那就是只要商家願意提供一個方便的、明亮的、清新的購物場所，就可以吸引消費者主動上門。

我為什麼會重視7-Eleven的消費訊息，那是它和柑仔店形成強烈的對比。柑仔店代表傳統；7-Eleven代表現代。柑仔店和7-Eleven代表傳統與現代之間的衝突。

我把柑仔店和7-Eleven相提並論是因為我認為金飾店不可以是以前傳統的柑仔店，應該朝向7-Eleven改變，不然就會像柑仔店一樣沒落；相對的，如果沒有自有品牌，也會像柑仔店一樣，因為7-Eleven的進駐而消聲匿跡。傳統沒有經過改變就會被淘汰，不管經營什麼一定要適應當時的環境；不一樣的時代，不一樣的演變，經營模式本來就要隨著時代的變遷而改變，這樣才能生存。

我回過頭來看銀樓店，我覺得只有工廠做出好的產品是不夠的，若沒有「現代化」的銷售通路，再好的產品擺在老舊的陳列架上，一樣賣不出去，而我們的銀樓店是不是可以轉型變成現代化的7-Eleven？

我曾在一場演講中問在場的觀眾：「你敢買一瓶沒有品牌的飲料喝嗎？」大家搖搖頭，我相信他們的回答，因為一般人不敢喝沒有品牌的飲料。我再問，如果你想買一瓶飲料，會到柑仔店還是7-Eleven？大多數的人回答「7-Eleven」，我接著問為什麼？他們比較信賴7-Eleven賣的食品，喝起來比較安心，不會擔心過期的問題，因為相信他們會做最好的把關。說穿了，因為7-Eleven已經打出它的「品牌」，這品牌已經建立在消費者心目中。這說明「品牌」在我們生活中扮演的重要性。

品牌，需要灌溉

很多創業者以為取個店名就是品牌，這是錯誤的觀念。當店名變成品牌，需要經營者不斷的在產品上努力、耕耘，累積信用，當這產品給消費者有十足的信賴感之後，才可能形成「品牌」的雛形；接著透過宣傳和廣告「訴求」這一群消費者，營造品牌形象，慢慢的讓消費者認同，才可能從「店名」變成「品牌」。

經營一個品牌好比種一棵小樹，需要長時間灌溉，給予養分，讓它慢慢長大，開花結果，最後才可以享受品牌帶來的果實。

以「今生金飾」為例，有人說這是一個漂亮的名字。但名字再好也只是一個名稱，因為品牌是做出來的而不是命名出來的，消費者購買產品是看這品牌在做什麼，而不是看它叫什麼名字，而品牌的經營者或操作者把它帶往哪個位置，將決定消費者對這品牌的印象。

我們把「今生金飾」的目標對象鎖定在二十五至四十歲的年輕族群和中產階級，透過宣傳強調這品牌產品的特色。

宣傳的廣告是跟消費者溝通用的，以「今生金飾」來說，我們藉由廣告跟消費者溝通我這品牌是好的、兼具造型、流行、時尚、創意、美感，符合女性內在思維的設計，是現代女性日常生活中不可或缺的飾品。

在廣告上，則請「名人」代言，讓消費者知道，如果要買金飾，先想到「今生金飾」，原因是品質好，包裝漂亮，很適合當「禮物」送給別人。這是消費者對「今生金飾」的印象，也是我們長時間跟消費者溝通的結果。

建立品牌形象之後，我會長時間堅持「今生金飾」的品質，戰戰兢兢維護這品牌，因為品牌最需要具備的是「消費者的忠誠度」，它永遠要有一群追尋者，否則這品牌不會長久。同時，信譽是品牌最重要的支柱，一旦失去信譽，打再多的廣告都沒用；就像消費者願意相信7-Eleven，相信他們不會為了多賺一點錢而賣不好的食品；一旦他們被發現有過期食品，就打壞了招牌，這時再多的形象廣告都挽不回。

當品牌成為包袱

品牌有很多不同的層級，但沒有高下貴賤之分。例如很多夜市的小吃很吸引逛街的人，這群人大部分是學生和一般上班族，他們共同需求的特色是消費低，但希望品嘗美味，很多夜市小攤就會變成「小吃品牌」，有些是店面、有些是餐廳，都可能被不同層次的人所喜愛，而成為該層次的品牌。

會不會變成品牌是消費者認定的，不是老闆自己講的，變成品牌也有一定的醞釀過程。一般老闆做生意都會「設定」未來這產品變成一個品牌，並且希望朝品牌的方向走，但並不是知名的名字就是品牌。

品牌若沒有堅持品質，就會變成包袱。

品牌不一定都是好的。

在大陸有一個汽車品牌叫「奇瑞」，狀況頗多，給人的印象就是買奇瑞常常要進修車廠，消費者於是消遣這品牌，說了一句順口溜：「奇瑞奇瑞，修車排隊。」品牌一旦被消費者冠上不好的封號，以後要翻身就很難了。

經營品牌者要很有堅持、有理念才可以做，否則做不來。沒有堅持的人做不了品牌，例如對產品品質和價格的堅持，不懂得堅持的人會因為業績下滑，為了挽救業績而打折，這是品牌的殺手，消費者會認為這是「廉價品牌」，甚至是「折扣品牌」。

品牌，也在保障消費者

當品牌進一步努力可以變成「名牌」，如香奈兒、GUCCI、TIFFANY……這是艱難的過程。「今生金飾」只是一個品牌，要如何從品牌變成名牌，需要很多條件，也還有一段很長的路。除了長久讓消費者信賴，維持良好的服務和品質之外，更需要具備在消費者心中「崇高」的形象。

在我有生之年應該沒有機會看到「今生金飾」從品牌變成名牌，甚至國際品牌。但這是一個值得努力的方向。

很多國外品牌可以成為國際品牌，是因為有一群有共同理念的人，延續上一任的人的理念繼續耕耘，而且用同樣的堅持，創造一個讓人家信任的品牌。該任專業經理人願意把該品牌當作自己的事業經營，將經驗、智慧傳承給下一任專業經理人。一個專業品牌的形成是百年的，才能在消費者心中成為有分量的品牌；有些品牌不能繼續就是因為在傳承當中斷層，找不到理念相同的接班人承接這品牌的優點，這品牌就沒落了。

我對「今生金飾」從本土金飾發展成品牌，曾形容是「從柑仔店躍升為7-Eleven」。我從7-Eleven的經營觀察出：品牌可以讓消費者更加信任，經營品牌的老闆也會愛惜羽毛。我有機會都奉勸創業者，要以做「品牌」為首要目標，這樣才會戰戰兢兢，不敢隨便，對消費者也是一種保障。

評估機會，伺機而動

「當一個機會降臨時，你會怎麼做？你如何決定該投入，還是放棄？」這是我參加一個業界座談會時，曾經被問到的一個問題。我說：「創業本身是一種高風險行為，所以進行新事業之前，一般的老闆都會做一些『機會』評估。」

我有一個很要好的朋友，他是一家銀樓店的負責人，我們兩人對機會的評估就大不相同。

我看到一個新的機會，如果評估有百分之六十的希望就會去做；他不一樣，他只要看到百分之五可能失敗，就會放棄。我曾經揶揄他說：「像你這種人，永遠都不會失敗。」

我雖然是個勇於嘗試的人，但也有保守的個性。我投入百分之六十機會的同時也在評估，萬一失敗對我的影響有多大；如果會「一槍斃命」，我也會放棄，因為它可能帶給我無法彌補的損失；如果不是，我會勇往直前。

例如，參加「世界黃金協會」的推廣得繳八萬塊保證金這件事，我心裡會評估，如果損失這八萬塊對我影響大不大？其實很小，我虧得起八萬塊，我就參加；又如做尾戒，當有人提議我做尾戒時，我的第一個直覺就是看到百分之六十的機會，覺得市場應該可以接受。如果失敗，只是損失一些製版費，無足輕重，我就投入。

我那個同業雖然永遠不會失敗，但也很難有好的機會，因為成功的機會常常從他眼前溜走。我雖然敢投資新事物，但為了預防失敗，會小心翼翼的做。

不管你認同我或是他，當新的機會降臨時，千萬別忘了先做「評估」，這個步驟最重要。

機會是留給準備好的人

以往我叫同事去做一些事情，他們會說：「這個沒辦法。」「這個不可能。」「這個我不知道哪裡有。」我告訴他們，世界上沒有不可能的事，問題是你有沒有心找到方法並且願意解決它。

我十六歲從學打金子的黑手起家，二十七歲就開始創業。如果我有過人之處，那是我「鍥而不捨」的工作態度。

我舉做「沸舞金系列」的例子，它雖然是個失敗的經驗，卻有成功的過程。

「沸舞金」有很多DIY的零件，其中一個是「橡皮墊」，功能類似「螺絲鎖」。它的彈性可以鎖住其他零件，這個「小小的」橡皮墊市場上沒有，但是我很需要。

我只好一家一家的問。第一家工廠很不耐煩。「唉，你這東西沒有人要做啦！」我說：

「沒關係，你可不可以幫我介紹其他工廠？」他給我一個電話號碼。我打過去，主動說：「我知道我的數量少，但我願意付版費！」但對方還是不願意；我不死心，繼續打電話。他們被我問煩了，就隨便告訴我另一家工廠……結果他們的態度都很不友善。

我不氣餒，就這樣一層一層的、一通電話一通電話的問。如果這一通不行馬上改撥下一通，前前後後大概打了上百通電話，終於有一家工廠被我感動了，告訴我一家「可能有意願」的工廠。其實這家工廠也不願意做，因為一般的橡皮墊是黑色的，但我的產品是「黃金」金飾，我希望做成「金色」的橡皮墊。

一開始他也拒絕我。「這是不可能做到的。」但我一直說服他，親自拜訪好幾趟，他終於點頭。最後在我的協助下完成了「不可能的任務」。

「沸舞金」系列因為有這金色的「橡皮墊」，增色不少。

這就是「鍥而不捨」的力量。

以往我叫同事去做一些事情，他們會說：「這個沒辦法。」「這個不可能。」「這個我不知道哪裡有。」我告訴他們，世界上沒有不可能的事，問題是你有沒有心找到方法並且願意解決它。

我認為一件事要達到目的，會經過很多失敗。我認為失敗並不重要，重要的是你內心世界需要有一個不怕失敗的自己；因為最後的機會是給不怕失敗的人。

趕在失敗前，找到解決方案

我「鍥而不捨」的態度也用在爭取時間上。

我做一件事情時，通常希望提早知道結果，提早十分鐘、一小時，都好。

像嘉義工廠做的樣品說好用快遞寄來台北，明天就到，但我會要求他們馬上以掃描的方式用E-mail先傳給我看；如果我可以提早五分鐘看到樣品，就不需要等那五分鐘，如果可以爭取提前一個小時知道結果，就不用等這一個小時。

很多同事批評我的作法過於急躁，他們習慣「按表操課」，一步一步來，看到結果再應付，但常常等到輸，連回應的時間都沒有，所以我才會提早評估進行中的事情。如果我提早知道失敗，我有時間找其他方法補救，這麼一來，即使失敗也不會是大失敗。如果這計畫是成功的，我也提早安心。

不過，我急於提早知道結果的作法在事後檢討起來有時是做白工，甚至因此損失不少金錢；但如果我做十個不同的努力最後有一個是成功的，那麼這個成功就值得了。如果都跟別人一樣，憑什麼贏？我認為那個不一樣就是致勝關鍵。因此很多事情一般人認為是困難的，我通常會想辦法一試再試去克服，我對時間的運用比別人積極。

不過，我這種鍥而不捨的做事態度在辦公室並不受歡迎，他們總是說：「你看，又來了！」認為是我的缺點，但我認為這是優點。我常常因為努力爭取每一分鐘而減少失敗，讓成功更圓滿。

多一分努力，你就勝出

我「鍥而不捨」的態度還用在產品開發上。

有一次我和廈門的同事還有香港的打版師傅一起到深圳工作，我對設計圖的要求一向很嚴，圖改了又修，修了又改，總之我覺得還不是最好。香港師傅不耐煩了，「你要改到什麼時候才滿意？」我廈門的同事很理解我的個性，他代我回答。

「改到最完美，我們打仗要到最後一刻才知道哪一把槍是最好、最有希望的，當然要磨到最後一刻。一個品牌的經營就好比一場持久戰，需要精密裝備才能上戰場，戰役能否取勝，關鍵是武器的裝備是否精良。」香港師傅懂了，跟我們一起努力，最後的那一個版非常成功。我們看了非常感動，香港師傅也是。

還有一次，我參觀國外的產品展覽，當我看到有別於台灣目前的加工技術時，我把它買回來，用高倍放大鏡看，覺得他們的表面質感做得不錯，我就嘗試做做看。

質感包括噴沙和金飾表面的處理，我發現國外有類似質感的東西，但國內市場上找不到工具，但我希望在沒有這些條件的情況下達到與國外相同的表面處理效果。

那一陣子我幾乎都在工廠研究「鑽沙」的表面處理。工人六點下班了，我還在做，常常熬夜到三更半夜，但一點成效都沒有。

我研究了一段時間，嘗試各種可能，經歷上百次的失敗，最後終於成功了。我成了全台灣最早做鑽沙表面處理的人。

有人說過，在競爭激烈的市場上，輸贏只是些微的差距而已。如果別人做到一百分，你能做到一百零一分，就贏了；如果只做到九十九分，就輸了。所以別人努力一百分，你必須努力一百零一分才可能勝出。

我偶爾會有機會到別的地方演講，其實次數不多，因為我的口才不好，常常會因為緊張、怯場而講得結結巴巴；但我的內容儘可能都在解釋什麼叫「鍥而不捨」，因為我覺得這是很重要的工作態度。

有些人看到像我們這樣的生意人，都以為這些努力是為了賺錢。我出社會這麼多年，固然賺了一些錢，但我賺得最多的卻是「信譽」，我把它視為「商場的第二生命」，而且也鍥而不捨的追求這份價值，這是金錢買不到的，也是我從商多年最感到驕傲的事。

當你遇上好運氣，你準備好了嗎？

有人認為我一路走來運氣很好，我倒不認為自己運氣好，我很清楚自己經過多少困難，克服多少障礙才得到這些機會，機會來了我剛好抓住它，因為我「準備好了」，所以抓得住機會，但有些人沒準備好，所以機會從他眼前溜走了。我認為每一個人一輩子的機會都是平等的。

我曾經和一位年輕人聊天，他剛步入社會，意氣風發，志願是當那家大公司的主管。工作一年以後，他說：「我運氣不好，這一年並沒有什麼收穫，既沒有調薪，也沒有升職。」我告訴他：「你現在的經驗和努力就是為將來的調薪、升職做準備。」年輕人反問我：「那要等幾年？五年？十年？」

我回答：「其實五年、十年並不重要，重要的是你現在就要準備好，這才是你將來迎接好運氣的基礎。千萬不要抱怨自己的機會不好，先問你自己：準備好了嗎？」

別小看「準備」的動作。當你開店時，你的笑容準備好了嗎？

關於蔡國南

一九五九年：七月二十八日出生於嘉義縣東石鄉，O型，獅子座。
一九七四年：國中畢業後，隻身到台北，開始學徒生涯。
一九七七年：學成出師，成為正式白金師傅。
一九七九年：當兵。
一九八一年：退伍。
一九八一年：與吳麗美小姐結婚。
一九八二年：第一個兒子出生。
一九八四年：白金業一落千丈。
一九八五年：離開原公司，開始創業，成立「家庭工廠」。
一九八七年：成立「蔡千足」工廠。
一九九三年：「蔡千足純金首飾」參加「世界黃金協會」首波推廣活動，成為國內極少數參加的工廠之一。

一九九四年：召集業內較具遠見之同業，決定共同投資成立「今生金飾」並全權委託
專業經理人負責經營。
一九九五年：「今生金飾」股份有限公司正式成立。
一九九五年：推出第一支電視廣告「新拜金主義」。
一九九七年：在大陸廈門成立工作室。
一九九八年：獲得「世界黃金協會」亞洲區行銷大賽——自用類金飾行銷大獎。
一九九九年：「蔡千足」成立一支全新品牌「沸舞金」，並邀請知名歌手徐懷鈺擔任代言，
推出系列產品。
二〇〇一年：進入「今生金飾」擔任總經理一職。
二〇〇二年：「今生金飾」推出流星花園置入專案，與當紅偶像劇「流星花園II」的
「置入性行銷」創下金飾業新的行銷方式。
二〇〇三年：「今生金飾」邀請天王歌手伍佰擔任代言人，並推出「母親節、情人
節」一系列成功專案，重新奠定該品牌在消費者心中的位置。
二〇〇四年：「今生金飾」營運開始獲利，同年代言人為陳小春。

二〇〇五年：「今生金飾」獲「讀者文摘非常品牌金牌獎」，為國內唯一得獎之金飾品牌。

二〇〇六年：「今生金飾」再度榮獲「讀者文摘非常品牌金牌獎」。

AQUARIUS

寶瓶文化叢書目錄

寶瓶文化事業有限公司
地址：台北市110信義區基隆路一段180號8樓
電話：(02) 27463955
傳真：(02) 27495072 劃撥帳號：19446403
※如需掛號請另加郵資40元

Vision 給你新的視野，也給你成功的典範

系列 書號	書名	作者	定價
V001	向前走吧	羅文嘉	NT$250
V002	要贏趁現在——總經理這麼說	邱義城	NT$250
V003	逆風飛舞	湯秀璸	NT$260
V004	失業英雄	楊基寬．顧蘊祥	NT$250
V005	19歲的總經理	邱維濤	NT$240
V006	連鎖好創業	邱義城	NT$250
V007	打進紐約上流社會的女強人	陳文敏	NT$250
V008	御風而上——嚴長壽談視野與溝通	嚴長壽	NT$250
V009	台灣之新——三個新世代的模範生	鄭運鵬、潘恆旭、王莉茗	NT$220
V010	18個酷博士@史丹佛	劉威麟、李思萱	NT$240
V011	舞動新天地——唐雅君的健身王國	唐雅君	NT$250
V012	兩岸執法先鋒——大膽西進，小心法律	沈恆德、符霜葉律師	NT$240
V013	愛情登陸計畫——兩岸婚姻A-Z	沈恆德、符霜葉律師	NT$240
V014	最後的江湖道義	洪志鵬	NT$250
V015	老虎學——賴正鎰的強者商道	賴正鎰	NT$280
V016	黑髮退休賺錢祕方——讓你年輕退休超有錢	劉憶如	NT$210
V017	不一樣的父親，A+的孩子	譚德玉	NT$260
V018	超越或失控——一個精神科醫師的管理心法	陳國華	NT$220
V019	科技老爸，野蠻兒子	洪志鵬	NT$220
V020	開店智慧王	李文龍	NT$240
V021	看見自己的天才	盧蘇偉	NT$250
V022	沒有圍牆的學校	李崇建．甘耀明	NT$230
V023	收刀入鞘	呂代豪	NT$280
V024	創業智慧王	李文龍	NT$250
V025	賞識自己	盧蘇偉	NT$240
V026	美麗新視界	陳芸英	NT$250
V027	向有光的地方行去	蘇盈貴	NT$250
V028	轉身——蘇盈貴的律法柔情	蘇盈貴	NT$230
V029	老鼠起舞，大象當心	洪志鵬	NT$250
V030	別學北極熊——創業達人的7個特質和5個觀念	劉威麟	NT$250
V031	明日行銷——左腦攻打右腦2	吳心怡	NT$250
V032	十一號談話室——沒有孩子「該」聽話	盧蘇偉	NT$260
V033	菩曼仁波切——台灣第一位轉世活佛	林建成	NT$260
V034	小牌K大牌	黃永猛	NT$250
V035	1次開店就成功	李文龍	NT$250
V036	不只要優秀——教養與愛的27堂課	盧蘇偉	NT$260
V037	奔向那斯達克——中國簡訊第一人楊鐳的Roadshow全記錄	康橋	NT$240
V038	七千萬的工作	楊基寬	NT$200
V039	滾回火星去——解決令你抓狂的23種同事	派崔克．布瓦＆傑羅姆．赫塞 林雅芬譯	NT$220
V040	行銷的真謊言與假真相——吳心怡觀點	吳心怡	NT$240
V041	內山阿嬤	劉賢妹	NT$240
V042	背著老闆的深夜MSN對談	洪志鵬	NT$250
V043	LEAP！多思特的不凡冒險——一段關於轉變、挑戰與夢想的旅程	喬那森．柯里翰 余國芳譯	NT$230

系列	書號	書名	作者	定價
Vision 給你新的視野，也給你成功的典範	V044	陪你去環島——一個父親送給兒子的畢業禮物	盧蘇士．盧蘇偉	NT$240
	V045	主播遇見CEO	蕭裔芬	NT$250
	V046	看見孩子的叛逆	盧蘇偉	NT$240
	V047	捧著企管書的豬老闆	坎尼斯．塔克＆凡達娜．歐曼 胡引玉譯	NT$200
	V048	移動的學校——體制外的學習天空	李崇建著	NT$280
	V049	老店翻新大作戰	好鄰居文教基金會著	NT$240
	V050	盲鬥士——柯燕姬傳奇	陳芸英	NT$250
	V051	看見男人——搞定你的老公與兒子	盧蘇偉	NT$250
	V052	一個癌症媽咪給兒子的遺書	夏學曼	NT$250
	V053	鮮活人生——小故事，妙管理	李錫津	NT$260
	V054	搶先佈局十年後——2017華人未來地圖	劉威麟	NT$250
	V055	這就是我的堅持——楊基寬與104傳奇	楊基寬．顧蘊祥	NT$250
	V056	愛會傷人——寫給父母的內心話	盧蘇偉	NT$260
	V057	囚室之春	施明德	NT$360
	V058	盲眼媽媽一顆心	薛以柔	NT$240
	V059	飛行少年——一輪千里環台挑戰	盧蘇偉．莊忠勳	NT$290
	V060	道德——幸福的必要條件	林火旺	NT$280
	V061	Money Game——金錢遊戲	吳均龐．劉永毅	NT$280
	V062	趙老大玩癌症	趙慕嵩	NT$250
	V063	所以，我愛上了狗	曹燕婷	NT$210
	V064	蔡國南的今生金飾	蔡國南．陳芸英	NT$280

國家圖書館預行編目資料

蔡國南的今生金飾／蔡國南，陳芸英作. --
初版. -- 臺北市：寶瓶文化, 2007 [民96]
面； 公分. --(vision ; 64)
ISBN 978-986-7282-88-0(平裝)
1. 蔡國南—傳記

782.886 96004092

vision 064

蔡國南的今生金飾

作者／蔡國南．陳芸英

發行人／張寶琴
社長兼總編輯／朱亞君
主編／張純玲
編輯／夏君佩
外文主編／簡伊玲
美術設計／林慧雯
校對／張純玲．陳佩伶．余素維．蔡國南
企劃主任／蘇靜玲
業務經理／盧金城
財務主任／趙玉雯 業務助理／彭博盈
出版者／寶瓶文化事業有限公司
地址／台北市110信義區基隆路一段180號8樓
電話／(02)27463955 傳真／(02)27495072
郵政劃撥／19446403 寶瓶文化事業有限公司
印刷廠／世和印製企業有限公司
總經銷／聯經出版事業公司
地址／台北縣汐止市大同路一段367號三樓 電話／(02)26422629
E-mail／aquarius@udngroup.com

法律顧問／理律法律事務所陳長文律師、蔣大中律師
如有破損或裝訂錯誤，請寄回本公司更換
著作完成日期／二○○七年二月三日
初版一刷日期／二○○七年四月
初版三刷日期／二○○七年四月三日
ISBN：978-986-7282-88-0
定價／280元

AQUARIUS 寶瓶 文化事業

愛書人卡

感謝您熱心的為我們填寫，
對您的意見，我們會認真的加以參考，
希望寶瓶文化推出的每一本書，都能得到您的肯定與永遠的支持。

系列：V064　書名：蔡國南的今生金飾

1. 姓名：__________　性別：□男　□女
2. 生日：____年____月____日
3. 教育程度：□大學以上　□大學　□專科　□高中、高職　□高中職以下
4. 職業：__________
5. 聯絡地址：____________________

聯絡電話：(日)__________(夜)__________

(手機)__________

6. E-mail信箱：____________________
7. 購買日期：____年____月____日
8. 您得知本書的管道：□報紙／雜誌　□電視／電台　□親友介紹　□逛書店　□網路　□傳單／海報　□廣告　□其他
9. 您在哪裡買到本書：□書店，店名__________　□劃撥　□現場活動　□贈書　□網路購書，網站名稱：__________　□其他__________
10. 對本書的建議：(請填代號　1. 滿意　2. 尚可　3. 再改進，請提供意見)

內容：__________

封面：__________

編排：__________

其他：__________

綜合意見：____________________

（請沿此虛線剪下）

「今生金飾」大方送抽獎活動！

96/05/31日前寄回本卡（以郵戳為憑），即有機會抽中金飾禮盒（價值12,600元）！
首獎一名：「今生金飾」2007母親節「風雅獨具」純金墜飾＋珍珠禮盒1組
二獎十名：「今生今世」墜飾（價值2,800元）
6/5抽獎，獲獎讀者將由專人電話通知，並公布於瓶中書電子報。

http://paper.udn.com/UDN/Subscribe/PapersPage/papers?pname=PIM0001

廣 告 回 函
北區郵政管理局登記
證北台字15345號
免貼郵票

寶瓶文化事業有限公司　收

110台北市信義區基隆路一段180號8樓

8F,180 KEELUNG RD.,SEC.1,

TAIPEI,(110)TAIWAN R.O.C.

（請沿虛線對折後寄回，謝謝）